# Oraciones y devociones para jóvenes católicos

## Prayers and Practices for Young Catholics

**Sadlier**
A Division of William H. Sadlier, Inc.

**Acknowledgments** Scripture excerpts are taken from the *New American Bible* with *Revised New Testament and Psalms*. Copyright © 1991, 1986, 1970. Confraternity of Christian Doctrine, Inc. Washington, D.C. Used with permission. All rights reserved. No portion of the *New American Bible* may be reprinted without permission in writing from the copyright holder.

Excerpts from the English translation of *The Roman Missal* © 1973, International Committee on English in the Liturgy, Inc. (ICEL); excerpts from the English translation of *Rite of Penance* © 1974, ICEL; excerpts from the English translation of *Order of Christian Funerals* © 1985, ICEL; excerpts from the English translation of *A Book of Prayers* © 1982, ICEL; excerpts from the English translation of *Book of Blessings* © 1988, ICEL. All rights reserved.

Excerpts of the Litany of the Holy Name and Litany of the Saints are taken from *Catholic Household Blessings and Prayers*. Copyright © 1988, United States Conference of Catholic Bishops, Inc., Washington, D.C. (USCCB). Used with permission. All rights reserved.

Excerpts from *Catholic Household Blessings and Prayers* copyright © 1988, United States Conference of Catholic Bishops, Inc., Washington, D.C. (USCCB); excerpts from *Sharing Catholic Social Teaching: Challenges and Directions* © 1998, USCCB; excerpts from the *Compendium: Catechism of the Catholic Church* © 2006, USCCB. Used with permission. All rights reserved.

English translation of the Glory to the Father, *Gloria Patri*, Lord's Prayer, *Pater Noster*, Apostles' Creed, Magnificat, *Gloria in Excelsis*, Nicene Creed, Holy, Holy, Holy, *Sanctus*, Lamb of God, and *Agnus Dei* by the International Consultation on English Texts. (ICET)

Excerpt from the article "Having a Chat with God," adapted from *Christian Prayer for Dummies*, Richard Wagner, © 2002.

Excerpts of prayers for Advent from HYPERLINK "http://www.diocesephoenix.org/catecheticalministry/ADVENT/prayers.htm" www.diocesephoenix.org/catecheticalministry/ADVENT/prayers.htm. Used with permission.

Excerpts from *La Biblia católica para jóvenes* © 2005, Instituto Fe y Vida y Editorial Verbo Divino. All rights reserved.

Excerpts from *Ritual conjunto de los sacramentos* © 1976, Departamento de Liturgia del CELAM. All rights reserved.

**Photo Credits** Cover: The Crosiers/Gene Plaisted, OSC. Interior: Alamy/Blend Images/Tristan da Cunha: 126 *bottom*; Jose Luis Pelaez Inc.: 40 *bottom*; Photo Alto/Odilon Dimier: 36 *bottom*, 38 *bottom*; Sergio Pitamitz: 127 *bottom*; Neil Setchfield: 26 *bottom*; Thinkstock: 58 *bottom*. Aliciavarela.com/Alicia de Varela: 64. AP Photo/Jose Caruci: 67; Jose Goitia: 108; Jose Luis Magana: 126 *top*; Martin Mejia: 109; Dolores Ochoa: 127 *top*. Art Resource, NY/Michael Escoffery, A Child is Born, 1999. Oil on paper. (c) 2007 Artists Rights Society (ARS), NY: 65; Giraudon: 64–65. Basilica Nuestra Senora de la Altagracia, Salvaleon de Higuey, Dominican Republic: 66. Lori Berkowitz: 46 *top*. Jane Bernard: 72–73, 117. "St. Martin de Porres" (c) 2002 Fr. John Guiliani. Reproductions at www.BridgeBuilding.com: 33. Karen Callaway: 78, 79. Corbis/Christie's Images: 26 *lower center*; Digital Stock Corporation: 8–9; Richard Gross: 122–123; Anthony Redpath: 38 *top*; Royalty Free: 41 *bottom*. The Crosiers/Gene Plaisted, OSC: 4, 24, 26 *top*, 26 *upper center*, 32 *bottom*, 62–63, 68, 69, 71, 102, 103. dreamstime: 20–21, 50–51. Neal Farris: 16, 17, 22, 23, 27, 36 *center*, 37 *center*, 39 *center*, 47 *bottom*, 52 *top*, 59, 70, 74, 75, 77, 88, 90, 92, 93, 100, 101 *top*, 104, 105, 128. Getty Images/Brand X Pictures/SW Productions & Morey Milbradt: 107; Digital Vision/Flying Colours Ltd.: 52 *bottom*; Photodisc/Michael Cleary: 58–59; Photodisc Red/Chad Baker/Ryan McVay: 99; Photonica/Ray Pietro: 53 *top*; Stone/Tamara Reynolds: 11; Stone/Terry Vine: 28–29; Stone/Denis Waugh: 86–87; Taxi/Ron Chapple: 35; Taxi/Elizabeth Simpson: 112–113. Ron Hendricks: 120–121. The Image Works/Topham: 9. Index Stock Imagery/Mark Polott: 46 *bottom*. iStockphoto: 37 *bottom*, 40 *center*. Jupiter Images/Rubberball: 53 *bottom*. Ken Karp: 6, 7, 10, 12, 13, 25, 40 *top*, 41 *top*, 42, 43, 47 *top*, 51, 63, 68 *bottom*, 82, 84, 85, 101 *bottom*, 106, 112, 116 *bottom*, 124. Masterfile/Royalty Free: 83, 125. Richard Mitchell: 39 *bottom*. PictureQuest/Photodisc/Mel Curtis: 39 *top*. Punchstock/Photodisc: 116 *top*; Stockbyte: 34. Salesians of Don Bosco: 30. Shutterstock: 18–19. Superstock/age fotostock: 37 *top*; Jessie Coates, The Last Supper, 1992: 118–119. teresadelosandes.org: 31. Veer/Rubberball: 36 *top*; Stockbyte: 69 *bottom*, 98. W.P. Wittman Ltd.: 75, 76.

**Illustrator Credits** Matthew Archambault: 32. Janet Broxon: 29. Penny Carter: 96-97. Ellis Chappell: 34–35. Stephanie Garcia: 24. Lisa Henderling: 124–125. Jacey: 58. W. B. Johnston: 71, 76, 84, 92, 100. Dave Jonason: 40. Robert LoGrippo: 90-91. Lori Lohstoeter: 48-49. Dean Macadam: 72, 94 (*bottom left*), 95 (*bottom right*). Diana Magnuson: 28. Frank Ordaz: 3, 8, 14–15, 88-89. Rodica Prato: 26–27. Maria Rendon: 114–115. Victoria Raymond: 22–23. Tim Robinson: 65. Lauren Scheuer: 19, 44, 86. Neil Slave: 54, 55. Pam Thompson: 94 (*top*). Elizabeth Trostli: 24–25. Amanda Warren: 56–57, 112–113. Jessica Wolk-Stanley: 94–95 (*bottom center*).



Printed in the United States of America.

is a registered trademark of William H. Sadlier, Inc.

**Creemos y oramos**™ is a registered trademark of William H. Sadlier, Inc.

William H. Sadlier, Inc.
9 Pine Street
New York, NY 10005-1002

ISBN: 978-0-8215-5697-9
123456789/11 10 09 08 07

## Este libro de oración
## This prayer book

pertenece a / belongs to

Luis Carmona

Nombre/Name

**Señor, ayúdame a rezar con un corazón atento y un espíritu generoso.**

**Help me, O Lord, to pray with an open heart and generous spirit.**

# Indice

## Oraciones católicas

# Contents

## Vida y prácticas católicas

# ¿Cómo Jesús rezó?

**Jesús rezó . . .**

- solo
- con su familia
- con sus amigos
- con su comunidad judía
- con sus discípulos
- con los maestros

**Jesús rezó en todas partes . . .**

- en las montañas
- en el desierto
- en la sinagoga
- en la orilla del lago
- en los caminos

**Jesús rezó . . .**

- a solas con Dios
- estudiando las escrituras
- los salmos
- dando gracias a su Padre
- cuando sanaba
- cuando perdonaba
- cuando hablaba con Dios sobre sus sentimientos

# How did Jesus pray?

**Jesus prayed . . .**

- alone
- with family
- with friends
- with his Jewish community
- with his disciples
- with the teachers

**Jesus prayed everywhere . . .**

- in the mountains
- in the desert
- in the synagogue
- at the shore
- on his road journeys

**Jesus prayed by . . .**

- quietly focusing on God
- studying Scriptures
- praying the psalms
- giving thanks to his Father
- healing people
- forgiving people
- talking to God about his feelings

# ¿Por qué rezamos?

## ¿Quién reza?

**89%** de los adolescentes rezan semanalmente

**95%** de los adultos dan gracias a Dios por lo que él ha hecho en sus vidas

**76%** pide perdón a Dios por pecados específicos

**61%** pide ayuda a Dios en necesidades específicas

**47%** se callan para escuchar a Dios mientras rezan

**52%** rezan varias veces al día

**13%** de los católicos rezan en familia

**33%** de los adultos regularmente participan en grupos de oración

## Rezamos a Dios pidiendo . . .

- guía y dirección
- ayuda para cumplir su voluntad
- valor para ser fieles creyentes

## Cinco formas de rezar son . . .

- **bendición**—dedicamos algo o alguien a Dios, hacemos algo santo en nombre de Dios
- **petición**—pidiendo algo a Dios, por ejemplo, perdón
- **intercesión**—pidiendo algo para nosotros o para otra persona o personas
- **acción de gracias**—mostrando agradecimiento a Dios por todo lo que nos ha dado
- **alabanza**—dando gloria a Dios por ser Dios

## Tomamos tiempo para rezar para . . .

- hablar con Dios
- escuchar a Dios
- compartir nuestros pensamientos, sueños y necesidades

**Para conocer más sobre la oración ver:**

COMPONENTES EN LA WEB
www.creemosyoramos.com

## Turn to God in prayer for . . .

- guidance and direction
- help to know and follow his will
- courage to be a strong believer

## 5 forms of prayer are . . .

- **blessing**—dedicating someone or something to God or making something holy in God's name
- **petition**—asking something of God, such as forgiveness
- **intercession**—asking for something on behalf of another person or a group of people
- **thanksgiving**—showing gratitude to God for all he has given us
- **praise**—giving glory to God for being God

## Take time in prayer to . . .

- speak to God
- listen to God
- share your thoughts, dreams, and needs

Find out more about prayer:

## Who prays?

**89%** of teenagers pray in a normal week

**95%** of adults thank God for what he has done in their lives

**76%** ask for forgiveness for specific sins

**61%** ask for help for specific needs

**47%** are silent during prayer to listen for God

**52%** who pray do so several times a day

**13%** of Catholics have extended prayer time with other family members

**33%** of adults regularly participate in prayer group

## Señal de *la cruz*

En el nombre del Padre,
y del Hijo,
y del Espíritu Santo. Amén.

In nomine Patris
et Filii
et Spiritus Sancti. Amén.

### ¿Sabías?

**Los católicos alrededor del mundo celebran la misa en sus idiomas nativos. El latín, lengua clásica muerta, es el lenguaje oficial de la Iglesia Católica Romana. ¿Celebra tu parroquia u otra parroquia en tu comunidad la misa en latín?**

## Gloria *al Padre*

Gloria al Padre
y al Hijo, y al Espíritu Santo.
Como era en el principio,
ahora y siempre por los siglos
de los siglos. Amén.

**Latín**

Gloria Patri
et Filio
et Spiritui Sancto.
Sicut erat in principio,
et nunc et semper
et in sæcula sæculorum. Amén.

## Sign of *the Cross*

In the name of the Father,
and of the Son,
and of the Holy Spirit. Amen.

In nomine Patris
et Filii
et Spiritus Sancti. Amen.

## Glory to *the Father*

Glory to the Father, and to the Son,
and to the Holy Spirit:
as it was in the beginning,
is now, and will be for ever.
Amen.

Latin

Gloria Patri
et Filio
et Spiritui Sancto.
Sicut erat in principio,
et nunc et semper
et in sæcula sæculorum. Amen.

### Did you Know?

Today, Catholics around the world celebrate the Mass and other sacraments in their own languages. But the ancient language called Latin is still the official language of the Roman Catholic Church. Does your parish or any parish in your area offer Masses celebrated in Latin?

## Padrenuestro

Padre nuestro, que estás en el cielo,
santificado sea tu Nombre;
venga a nosotros tu reino;
hágase tu voluntad en la tierra
como en el cielo.
Danos hoy nuestro pan de cada día;
perdona nuestras ofensas,
como también nosotros perdonamos
a los que nos ofenden;
no nos dejes caer en la tentación,
y líbranos del mal.
Amén.

### Latín

Pater noster qui es in cælis:
sanctificetur Nomen Tuum;
adveniat Regnum Tuum;
fiat voluntas Tua,
sicut in cælo, et in terra.
Panem nostrum
cotidianum da nobis hodie;
et dimitte nobis debita nostra,
sicut et nos
dimittimus debitoribus nostris;
et ne nos inducas in tentationem;
sed libera nos a Malo.
Amén.

## Más sobre el Padrenuestro

**Los discípulos de Jesús una vez le pidieron: "Señor, enséñanos a orar" (Lucas 11:1). Jesús les enseñó una oración muy especial a Dios llamada el Padrenuestro. Esta es una de las oraciones más importantes en los evangelios y la Iglesia. Como seguidores de Jesucristo, rezamos el Padrenuestro en todas las misas y en muchos otros momentos de nuestras vidas.**

## Our Father

Our Father, who art in heaven,
hallowed be thy name;
thy kingdom come;
thy will be done on earth
as it is in heaven.
Give us this day our
daily bread;
and forgive us our
trespasses
as we forgive those who
trespass against us;
and lead us not
into temptation,
but deliver us from
evil.
Amen.

### Latin

Pater noster qui es in cælis:
sanctificetur Nomen Tuum;
adveniat Regnum Tuum;
fiat voluntas Tua,
sicut in cælo, et in terra.
Panem nostrum
cotidianum da nobis hodie;
et dimitte nobis debita nostra,
sicut et nos
dimittimus debitoribus nostris;
et ne nos inducas in tentationem;
sed libera nos a Malo.
Amen.

### More About The Lord's Prayer

**Jesus' disciples once said to him, "Lord, teach us to pray" (Luke 11:1). Jesus then taught them a very special prayer to God the Father called the Lord's Prayer. It is one of the most important prayers in the Gospels and of the Church. It is also known as the Our Father. As followers of Jesus Christ, we pray the Lord's Prayer at each Mass and at many other times in our lives.**

# Letanía al *Santo Nombre*

Señor, ten piedad .......... Señor, ten piedad
Cristo, ten piedad .......... Cristo, ten piedad
Señor, ten piedad ......... Señor, ten piedad

Dios, Padre celestial ......... ten piedad de nosotros
Dios Hijo, redentor
del mundo .............. ten piedad de nosotros
Dios, Espíritu Santo ........ ten piedad de nosotros
Santísima Trinidad,
un solo Dios ............ ten piedad de nosotros
Jesús, Hijo del Dios vivo ...... ten piedad de nosotros
Jesús, rey de la gloria ....... ten piedad de nosotros
Jesús, hijo de la virgen María . ten piedad de nosotros
Jesús, príncipe de paz ....... ten piedad de nosotros
Jesús, modelo de obediencia .. ten piedad de nosotros
Jesús, manso y humilde
de corazón .............. ten piedad de nosotros
Jesús, amante de
todos nosotros ........... ten piedad de nosotros
Jesús, modelo de bondad .. ten piedad de nosotros
Jesús, nuestro refugio ...... ten piedad de nosotros
Jesús, el Buen Pastor ...... ten piedad de nosotros
Jesús, verdad y vida ....... ten piedad de nosotros
Jesús, nuestro camino
y vida ................. ten piedad de nosotros
Jesús, maestro de
los apóstoles ........... ten piedad de nosotros

Oremos:
Señor,
que los que alabamos el santo nombre de Jesús
gocemos de su amistad en esta vida y seamos
llenos del gozo eterno en el reino
donde vives y reinas por los siglos de los siglos.
Amén.

# Litany of the *Holy Name*

| | |
|---|---|
| Lord, have mercy | Lord, have mercy |
| Christ, have mercy | Christ, have mercy |
| Lord, have mercy | Lord, have mercy |
| God our Father in heaven | have mercy on us |
| God the Son, Redeemer of the world | have mercy on us |
| God the Holy Spirit | have mercy on us |
| Holy Trinity, one God | have mercy on us |
| Jesus, Son of the living God | have mercy on us |
| Jesus, king of glory | have mercy on us |
| Jesus, Son of the Virgin Mary | have mercy on us |
| Jesus, prince of peace | have mercy on us |
| Jesus, model of obedience | have mercy on us |
| Jesus, gentle and humble of heart | have mercy on us |
| Jesus, lover of us all | have mercy on us |
| Jesus, model of goodness | have mercy on us |
| Jesus, our refuge | have mercy on us |
| Jesus, Good Shepherd | have mercy on us |
| Jesus, the true light | have mercy on us |
| Jesus, our way and our life | have mercy on us |
| Jesus, teacher of apostles | have mercy on us |

Let us pray.
Lord,
may we who honor the holy name
of Jesus
enjoy his friendship in this life
and be filled with eternal joy in the kingdom
where he lives and reigns
for ever and ever.
Amen.

La palabra *letanía* viene del griego y significa "rezar". La parte principal de la letanía está compuesta de una lista de nombres que usamos para rezar a Dios Padre, Dios Hijo y Dios Espíritu Santo. Cada nombre es seguido de una corta petición. La Iglesia también reza letanías a María, la Madre de Dios, y a los santos. (Ver página 32.)

## Oración al *Espíritu Santo*

Ven, Espíritu Santo,
llena los corazones de tus fieles
y enciende en ellos el fuego de tu amor.
Envía tu Espíritu, Señor y serán creados,
y renovarás la faz de la tierra.

Oremos:
Oh Dios, que has iluminado los corazones
de tus hijos con la luz del Espíritu Santo,
haznos dóciles a sus inspiraciones
para gustar siempre el bien y gozar
de su consuelo.
Por Jesucristo, nuestro Señor. Amén.

## Come *Holy Spirit*

Come, Holy Spirit, fill the hearts of your faithful.
And kindle in them the fire of your love.

Send forth your Spirit and they shall be created.
And you will renew the face of the earth.

Let us pray.

Lord,
by the light of the Holy Spirit
you have taught the hearts of your faithful.
In the same Spirit
help us to relish what is right
and always rejoice in your consolation.
We ask this through Christ our Lord.
Amen.

### Did you Know?

**The word *litany* comes from the Greek word for "prayer." The main part of this litany is made up of a list of names we use when we pray to God the Father, God the Son, and God the Holy Spirit. Each name is followed by a short request for God's mercy. The Church also prays litanies of Mary, the Mother of God, and of the saints.** **(See page 33.)**

## Credo de los *apóstoles*

Creo en Dios, Padre todopoderoso,
Creador del cielo y de la tierra.
Creo en Jesucristo, su único
Hijo, nuestro Señor,
que fue concebido por obra y gracia
del Espíritu Santo,
nació de santa María Virgen,
padeció bajo el poder de
Poncio Pilato,
fue crucificado, muerto y sepultado,
descendió a los infiernos,
al tercer día resucitó de entre
los muertos,
subió a los cielos
y está sentado a la derecha de Dios,
Padre todopoderoso.
Desde allí ha de venir a juzgar
a vivos y muertos.
Creo en el Espíritu Santo,
la santa Iglesia católica,
la comunión de los santos,
el perdón de los pecados,
la resurrección de la carne
y la vida eterna. Amén.

## ¿Quiénes fueron?

**Conocemos los nombres de los apóstoles de Jesús en el Nuevo Testamento. "Los nombres de los doce apóstoles son: primero Simón, llamado Pedro, y su hermano Andrés; luego Santiago el hijo de Zebedeo y su hermano Juan. Felipe y Bartolomé; Tomás y Mateo, el recaudador de impuestos; Santiago, el hijo de Alfeo, y Tadeo; Simón el cananeo, y Judas Isacariote, el que lo entregó". (Mateo 10:2–4) He aquí otras cosas que sabemos: Pedro y Andrés eran pescadores. Tomás era mellizo. Juan tenía mal genio. Por esa razón Jesús lo llamó "hijo del trueno". Santiago era hermano de Juan y fue el primer apóstol que murió por su fe. ¿Sabes algo más sobre los apóstoles?**

## *Apostles'* Creed

I believe in God, the Father almighty,
creator of heaven and earth.
I believe in Jesus Christ,
his only Son, our Lord.
He was conceived by the power
of the Holy Spirit
and born of the Virgin Mary.
He suffered under Pontius Pilate,
was crucified, died, and was
buried.
He descended to the dead.
On the third day he rose again.
He ascended into heaven,
and is seated at the right hand
of the Father.
He will come again to judge
the living and the dead.

I believe in the Holy Spirit,
the holy catholic Church,
the communion of saints,
the forgiveness of sins,
the resurrection of the body,
and the life everlasting. Amen.

## Who were They?

We learn about the names of Jesus' Apostles in the New Testament. "The names of the twelve apostles are these: first, Simon called Peter, and his brother Andrew; James, the son of Zebedee, and his brother John; Philip and Bartholomew, Thomas and Matthew the tax collector; James, the son of Alphaeus, and Thaddeus; Simon the Cananean, and Judas Iscariot who betrayed him." (Matthew 10:2–4) Here are some other facts we learn: Peter and Andrew were fishermen. Thomas was a twin. John had a temper. For this reason, Jesus called him the "son of thunder." James was the brother of John and was the first Apostle to die for his faith. Do you know more about the Apostles?

## Acto de *fe*

Señor, yo creo que tú eres el Cristo, el Hijo de Dios vivo, que has dicho: "Todo es posible para los que tienen fe".
Fe tengo, ayúdame tú en lo que me falte. Señor, aumenta mi fe. Amén.

## Acto de *esperanza*

Tú, Dios mío, fuiste mi esperanza y mi confianza, Señor, desde mi juventud. En el vientre materno ya me apoyaba en ti, en el seno tú me sostenías,
siempre he confiado en ti,
porque mi peña y mi alcázar eres tú. Amén.

## Acto de *caridad*

Señor, te amo sobre todas las cosas y amo a mi prójimo en tu nombre porque eres grande, infinita y perfecta bondad. En ese amor intento vivir y morir.
Amén.

### ¿Sabías?

**Que las virtudes teologales; fe esperanza y caridad son con frecuencia ilustradas con tres símbolos: una cruz, un ancla y un corazón. La cruz en la que Jesús dio su vida por nosotros es un símbolo universal de la fe cristiana. En el Nuevo Testamento la esperanza es llamada "el ancla del alma" (Hebreos 6:19). Y el corazón es reconocido por el pueblo como el símbolo del amor. ¿Has visto estos símbolos en tu parroquia?**

## Act of *Faith*

O my God, I firmly believe that you are one God in three divine Persons, Father, Son, and Holy Spirit. I believe that your divine Son became man and died for our sins and that he will come to judge the living and the dead. I believe these and all the truths which the Holy Catholic Church teaches because you have revealed them who are eternal truth and wisdom, who can neither deceive nor be deceived. In this faith I intend to live and die. Amen.

## Act of *Hope*

O Lord God, I hope by your grace for the pardon of all my sins and after life here to gain eternal happiness because you have promised it who are infinitely powerful, faithful, kind, and merciful. In this hope I intend to live and die. Amen.

## Act of *Love*

O Lord God, I love you above all things and I love my neighbor for your sake because you are the highest, infinite and perfect good, worthy of all my love. In this love I intend to live and die. Amen.

### Did you Know?

**The theological virtues of faith, hope, and love are often illustrated by three symbols: a cross, an anchor, and a heart. The cross on which Jesus gave up his life for us is a universal symbol of our Christian faith. In the New Testament hope is called an "anchor of the soul" (Hebrews 6:19). And the heart is recognized by people everywhere as a symbol of love. Have you seen these symbols used in your parish?**

## Oración a *Nuestra Señora de Guadalupe*

Madre amorosa y protectora de los pobres y los desamparados, ayuda a los que a ti acuden en tiempo de necesidad. Intercede ante tu hijo, Jesús, para que florezca en nosotros una fe fuerte en medio de la desesperación, dulce esperanza en medio de la duda y constante amor en la vida.

Te lo pedimos por Jesucristo, nuestro Señor. Amén.

## Ave *María*

Dios te salve María, llena eres de gracia;
el Señor es contigo;
bendita tú eres entre todas las mujeres,
y bendito es el fruto de tu vientre, Jesús.
Santa María, Madre de Dios,
ruega por nosotros pecadores, ahora y en la hora de nuestra muerte. Amén.

## Prayer to *Our Lady of Guadalupe*

Loving mother and protector of the poor
and the lowly,
help those who come to you in time of need.
Ask your Son, Jesus, to bring to flower in us
strong faith in the midst of struggle,
sweet hope in the midst of doubt,
and constant love in the midst of life.

We ask all of this through Christ our Lord. Amen.

## Hail *Mary*

Hail Mary, full of grace,
the Lord is with you!
Blessed are you among women,
and blessed is the fruit
of your womb, Jesus.
Holy Mary, Mother of God,
pray for us sinners,
now and at the hour of
our death. Amen.

## La *Salve*

Dios te salve, Reina y Madre de misericordia, vida, dulzura y esperanza nuestra; Dios te salve. A ti llamamos los desterrados hijos de Eva, a ti suspiramos, gimiendo y llorando en este valle de lágrimas.
Ea, pues, Señora, abogada nuestra, vuelve a nosotros esos, tus ojos misericordiosos, y después de este destierro, muéstranos a Jesús, fruto bendito de tu vientre. ¡Oh clementísima, oh piadosa, oh dulce Virgen María!

## *Memorare*

Acuérdate, oh piadosísima Virgen María, que jamás se ha oído decir que ninguno de cuantos han acudido a tu protección e implorado tu socorro, haya sido desamparado. Yo, pecador, animado con tal confianza acudo a ti, oh Madre, Virgen de las vírgenes, a ti vengo, delante de ti me presento gimiendo.
No quieras, oh Madre de Dios, despreciar mis súplicas, antes bien, óyelas benignamente y cúmplelas.

## Hail, *Holy Queen*

Hail, holy Queen, mother of mercy,
hail, our life, our sweetness, and our hope.
To you we cry, the children of Eve;
to you we send up our sighs,
mourning and weeping in this land of exile.
Turn, then, most gracious advocate,
your eyes of mercy toward us;
lead us home at last
and show us the blessed fruit of your womb,
Jesus:
O clement, O loving, O sweet Virgin Mary.

## *Memorare*

Remember, most loving Virgin Mary,
never was it heard
that anyone who turned to you for help
was left unaided.

Inspired by this confidence,
though burdened by my sins,
I run to your protection
for you are my mother.
Mother of the Word of God,
do not despise my words of pleading
but be merciful and hear my prayer.
Amen.

## El *angelus*

El ángel del Señor anunció a María, y concibió del Espíritu Santo.
Dios te salve María . . .

He aquí la esclava del Señor,
hágase en mí según tu palabra.
Dios te salve María . . .

El Hijo de Dios se hizo hombre, y habitó entre nosotros para la redención del mundo.
Dios te salve María . . .

Ruega por nosotros, Santa Madre de Dios, para que seamos dignos de alcanzar las promesas de Cristo.

Oremos:
derrama Señor, tu gracia sobre nosotros, que, por el anuncio del ángel, hemos conocido la encarnación de tu Hijo, para que lleguemos, por su pasión y cruz, a la gloria de la resurrección.
Por Jesucristo nuestro Señor.

# The *Angelus*

The angel spoke God's message to Mary,
and she conceived of the Holy Spirit.
Hail, Mary . . .

"I am the lowly servant of the Lord:
let it be done to me according to your
word."
Hail, Mary . . .

And the Word became flesh
and lived among us.
Hail, Mary . . .

Pray for us, holy Mother of God,
that we may become worthy of the
promises of Christ.

Let us pray.
Lord,
fill our hearts with your grace:
once, through the message of an angel
you revealed to us the incarnation of
your Son;
now, through his suffering and death
lead us to the glory of his resurrection.

We ask this through Christ our Lord.
Amen.

## ¿Quiénes son?

Un santo patrón es aquel que una comunidad, organización, lugar o persona escoge como intercesor especial. Durante el bautismo a los católicos se les da el nombre de un santo. La persona puede escoger a este santo como su santo patrón. Imitar nuestro santo patrón nos ayuda a vivir como Jesús. ¿Quién es tu santo patrón?

## Oración *a mi santo patrón*

San (ta) ______________________________,
(Nombre)

Te escogí como mi santo patrón
ayúdame a honrarte todos los días de
mi vida, siguiendo tu ejemplo de
fidelidad a Jesús. Amén.

## Oración *a San Juan Bosco*

San Juan Bosco, patrón de los jóvenes,
durante tu vida ayudaste a los jóvenes
a aprender a amar a Jesús.
Fundaste lugares donde ellos podían
reunirse a rezar, a aprender y a jugar.
Les enseñaste sobre Jesús y su amor por ellos.
Ayúdame a vivir mi vida como él vivió,
mostrando mi amor por Jesús en todo lo que
haga y diga. Amén.

## Oración *a Santa Teresa de los Andes*

Santa Teresa de los Andes,
patrona de los jóvenes,
mostraste un gran amor por Dios en todo lo que hiciste.
Viviste como modelo de santidad en tu hogar,
la escuela y entre tus amigos.
Fuiste amada y admirada por todos lo que te conocieron,
pero sobre todo amaste a Jesús.
Ayúdame a vivir cada día como tu viviste, con gozo y
amando a Dios. Amén.

## Prayer *to my Patron Saint*

Dear Saint ______________________________,
(Name)

Your name was chosen to become mine,
and you became my patron. Please pray
for me as I live my life each day, and
help me to honor you by following your
example of faithfulness to Jesus.
Amen.

## Who are They?

**A patron is a person who encourages and takes care of someone or something. At Baptism Catholics take the name of a saint. That saint is known as the person's patron saint. Patron saints care for their namesakes and encourage them to live as Jesus did. Who is your patron saint?**

## Prayer *to Saint John Bosco*

Dear Saint John Bosco, patron of young people,
during your life you helped many young people
learn to love Jesus.
You found them places where they could meet
to pray, learn, and play together.
You taught them about Jesus and his love for them.
Help me to live my life as you did, showing my
love for Jesus in everything I say and do.
Amen.

## Prayer *to Saint Teresa de los Andes*

Dear Saint Teresa de los Andes,
patron of young people,
you showed your great love for God in every
action of your life.
You lived as a model of holiness at home,
at school, and among your friends.
You were loved and admired by everyone you knew,
but you loved and admired Jesus above all.
Help me live each day of my life as you did yours,
in joy and love for God.
Amen.

## Letanía de *todos los santos*

Señor, ten piedad ....... Señor, ten piedad
Cristo, ten piedad ....... Cristo, ten piedad
Señor, ten piedad ....... Señor, ten piedad
María, Santa Madre
de Dios .............. ruega por nosotros
San Juan Bautista ........ ruega por nosotros
San José ............... ruega por nosotros
Santos Pedro y Pablo ..... rogad por nosotros
San Juan .............. ruega por nosotros
Santa María Magdalena ... ruega por nosotros
San Martín de Porres ..... ruega por nosotros
Santa Rosa de Lima ...... ruega por nosotros
San Francisco y
Santo Domingo ........ rogad por nosotros
Santa Catalina .......... ruega por nosotros
Santa Teresa ........... ruega por nosotros
Todos los santos hombres
y mujeres ............ rogad por nosotros
Oremos.
En este tiempo seremos contados
en la comunión de los santos;
mantennos siempre en su santa
y buena compañía.
Junto a ellos hacemos nuestras
oraciones por Cristo, nuestro Señor,
ahora y siempre.
Amén.

Santa María de Jesús Sacramentado

San Charles Lwanga

Santa Rosa de Lima

### ¿Sabías?

**La Iglesia tiene un proceso especial para honrar a las personas que han vivido vidas santas y han sido testigos de Jesucristo. Este proceso es llamado *canonización*. Los líderes de la Iglesia examinan la vida de cada persona cuyo nombre ha sido sometido para la santidad. Recoge información sobre la vida de fe y santidad de la persona. Cuando la persona es canonizada, la Iglesia la nombra santa oficialmente. Recordamos a cada santo canonizado durante el año litúrgico.**

## Litany of the *Saints*

Lord, have mercy . . . . . . . . Lord, have mercy
Christ, have mercy . . . . . . . Christ, have mercy
Lord, have mercy . . . . . . . . Lord, have mercy
Holy Mary, Mother
of God . . . . . . . . . . . . . . . pray for us
Saint John the Baptist . . . . . pray for us
Saint Joseph . . . . . . . . . . . . pray for us
Saint Peter and
Saint Paul . . . . . . . . . . . . pray for us
Saint John . . . . . . . . . . . . . . pray for us
Saint Mary Magdalene . . . . pray for us
Saint Martin de Porres . . . . pray for us
Saint Rose of Lima . . . . . . . pray for us
Saint Francis and
Saint Dominic . . . . . . . . . pray for us
Saint Catherine . . . . . . . . . . pray for us
Saint Teresa . . . . . . . . . . . . pray for us
All holy men
and women . . . . . . . . . . . pray for us
Let us pray.
In this age we would be counted
in this communion of all the saints;
keep us always in their good and
blessed company.
In their midst we make every prayer
through Christ who is our Lord for
ever and ever.
Amen.

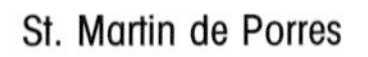

St. Martin de Porres

### Did you Know?

The Church has a special process to honor people who have lived holy lives and have witnessed to Jesus Christ. This process is called *canonization*. Church leaders examine the life of each person whose name has been submitted for sainthood. They gather proof that this person has lived a life of faith and holiness. When a person is canonized, the Church officially names him or her a saint. We remember each canonized saint on a special day during the Church year.

# Oraciones de bendición

Dios continuamente nos bendice con muchos dones. Dios nos bendice y podemos pedirle bendecir a personas y cosas. "La gracia de Jesucristo, el Señor, el amor de Dios y la comunión en el Espíritu Santo, estén con todos ustedes" (2 Corintios 13:13). ¿Cuándo has sido bendecido?

## Salmo 67

Que Dios se apiade y nos bendiga,
que haga brillar su rostro sobre nosotros;
nos bendice el Señor, nuestro Dios.
Que Dios nos bendiga.

Salmo 67:2, 7b, 8a

## Bendición *de las comidas*

Bendícenos Señor † y también a estos alimentos que vamos a recibir de tu bondad.
Por Cristo, nuestro Señor.
Amén.

## Psalm *67*

May God be gracious to us and bless us;
may God's face shine upon us.
God, our God, blesses us.
May God bless us still.

Psalm 67:2, 7b, 8a

## Prayers of Blessing

**God continually blesses us with many gifts. Because God first blessed us, we, too, can pray for his blessings on people and things. "The grace of the Lord Jesus Christ and the love of God and the fellowship of the holy Spirit be with all of you." (2 Corinthians 13:13) When have you been blessed?**

## Grace *before Meals*

Bless † us, O Lord, and these your gifts
which we are about to receive from
your goodness.
Through Christ our Lord.
Amen.

## Oración *por mi familia*

Señor Dios,
derrama tus bendiciones sobre esta familia reunida aquí en tu nombre.
Pérmite que los que están unidos en amor se apoyen unos a otros por su fervor de espíritu y devoción a la oración. Hazle responder a las necesidades de los demás y ser testigos de la fe en todo lo que hagan o digan. Amén.

## Oración *por mi cumpleaños*

Dios de amor,
hoy se inicia un nuevo año de mi vida.
Ayúdame a recordar que todos los dones que he recibido hoy y todos los días son tus regalos de vida y amor.
Ayúdame a usar esos dones para hacer una diferencia en el mundo y ser una mejor persona. Amén.

## Oración *por el cumpleaños de un amigo*

Dios de amor,
nos creaste a todos en el mundo,
y sabes el nombre de cada uno de nosotros. Te damos gracias por (nombre), quien celebra su cumpleaños. Dale tu bendición, amor y amistad para que pueda crecer en conocimiento, sabiduría y gracia.
Que siempre ame a su familia
y sea siempre fiel a sus amigos. Amén.

## Prayer *for My Family*

O God,
shower your blessings on this family
gathered here in your name.
Enable those who are joined by one
love to support one another
by their fervor of spirit and devotion
to prayer.
Make them responsive to the needs
of others and witnesses to the faith
in all they say and do. Amen.

## Prayer *on My Birthday*

Dear God,
today I begin a new year of my life.
Help me to remember that the greatest
gifts I receive today and every day are
your gifts of life and love.
Help me to use these gifts to make a
difference in the world and to grow
to be a better person. Amen.

## Prayer *on My Friend's Birthday*

Loving God,
you created all the people of the world,
and you know each of us by name.
We thank you for (name),
who celebrates his/her birthday.
Bless him/her with your love and
friendship that he/she may grow
in wisdom, knowledge, and grace.
May he/she love his/her family
always and be ever faithful to
his/her friends. Amen.

## Oración *por la amistad*

Jesús, ayúdame a seguir tu ejemplo de ser
buen y fiel amigo.
Ayúdame a mostrar respeto por mis amigos en
la forma en que les hablo y los escucho.
Ayúdame a recordar tratar con amabilidad a
mis amigos cuando se sientan mal o tristes.
Que cuando estemos juntos, ayúdame y ayuda
a mis amigos a recordar que tú estas presente
entre nosotros. Amén.

## Oración *del discípulo*

Jesús, me invitas a ser tu discípulo.
Me muestras como amar a Dios, el Padre
con todo mi corazón, con toda mi alma y
con toda mi mente.
Me mostraste como amar a mi prójimo y
la importancia de amarme a mí mismo.
No es fácil ser tu discípulo. Te agradezco
los ejemplos que me diste.
Jesús, sigue guiándome y
fortaleciéndome en mi peregrinaje como
tu discípulo. Amén.

## Prayer *for Friendship*

Jesus, help me to follow your example in
being a good and faithful friend.
Help me to show respect for my friends in
the way that I speak to them and in the
way that I listen to them.
Help me to remember to share kind words with
friends when they are hurt or feeling sad.
When we spend time together,
help my friends and me to remember that
you are present with us. Amen.

## Prayer *for My Discipleship*

Jesus, you invite me to be your disciple.
You showed me how to love God the Father
with all my heart, with all my soul, and with
all my mind.
You showed me how to love my neighbors
and the importance of loving myself.

It is not always easy to be a disciple.
I am grateful for the example you have
given to me.
Jesus, continue to guide me
and strengthen me on my journey
to be your disciple. Amen.

## Oración *por el nuevo año escolar*

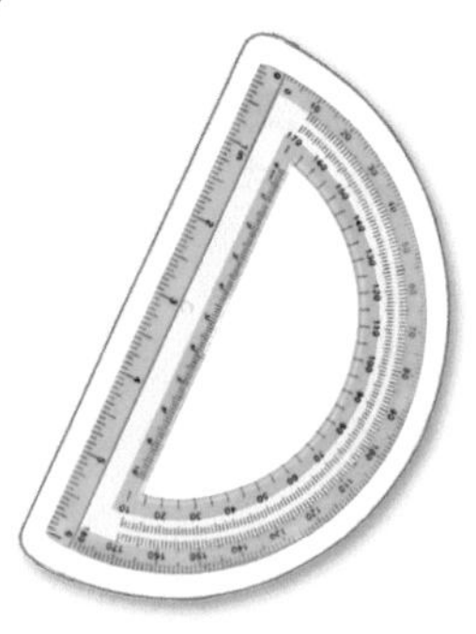

Dios de amor,
cada nuevo año escolar nos trae nuevas
oportunidades, para aprender,
crecer y hacer amigos.
Cada año enfrentamos muchos retos.
Ayúdame a aceptar a mis nuevos compañeros
y a respetar a mis maestros.
Ayúdame a hacer lo mejor posible dentro
y fuera de la escuela.
Amén.

**Edad:** 12

**Pueblo:** Puebla, México

**Mis metas:** tener buenas notas, especialmente en matemática, lograr pertenecer al equipo de fútbol, hacer nuevos amigos

**Mis temores:** no caerle bien a mis compañeros de clases, no entender la tarea, que no encuentre un buen amigo

**Mis alegrías:** visitar a mi abuelita en México, disfrutar los tamales con mis primos

**Mi pregunta:** ¿Por qué mi familia tuvo que salir de México?

## Prayer *for a New School Year*

Dear God,
each new school year brings new beginnings,
new opportunities for me to learn, grow,
and make friends.
Be with me each day as I am faced with many
challenges.
Help me in accepting new classmates and in
showing respect for my teachers.
Help me to do my best—both in and out
of school.
Amen.

**Age:** 12

**Town:** Puebla, México

**My Goals:** to get good grades, especially in Math; to make it on the soccer team, to make new friends

**My Worries:** that I won't fit in with my new classmates, that I won't understand the new work, that I won't find a new best friend

**My Happiness:** visiting my grandmother in México, enjoying tamales with my cousins

**My Question:** Why did my family have to move from México?

## Salmo 4

Respóndeme cuando te invoco, oh Dios
mi salvador;
tú, que en la angustia me diste alivio,
ten piedad de mí y escucha mi oración.
Sepan que el Señor me ha mostrado
su amor.
El señor me escucha cuando lo invoco.

Salmo 4:2, 4

## Oración *de la mañana*

Jesús, te ofrezco todas mis oraciones
y trabajos, y sufrimientos de este día
por las intenciones de tu sagrado
corazón.
Amén.

**Jesús hizo oraciones de petición en las que pedía a Dios, el Padre, que le ayudara a hacer su voluntad. Por ejemplo, antes de morir Jesús rezó: "Padre, si quieres aleja de mí este cáliz de amargura; pero no se haga mi voluntad, sino la tuya" (Lucas 22:42). ¿Has pedido ayuda a Dios recientemente?**

Escribe aquí tu oración de la mañana.

## Mi oración *de la mañana*

Querido Jesús:

______________________________

______________________________

______________________________

______________________________

______________________________

## Psalm 4

Answer when I call, my saving God.
In my troubles, you cleared a way;
show me favor; hear my prayer.

Know that the LORD works wonders
for the faithful;
the LORD hears when I call out.

Psalm 4:2, 4

Jesus prayed prayers of petition in which he asked God the Father for help in doing his will. For example on the night before he died, Jesus prayed, "Father, if you are willing, take this cup away from me; still, not my will but yours be done" (Luke 22:42). Have you prayed to God for help recently?

## Morning *Offering*

O Jesus, I offer you all my prayers,
works, and sufferings of this day
for all the intentions of your most
Sacred Heart.
Amen.

Write your own Morning Offering here.

## My Morning *Offering*

Dear Jesus,

______________________________

______________________________

______________________________

______________________________

______________________________

## Oración para tiempos difíciles

Dios de amor,
cuando están pasando tantas cosas juntas a mi alrededor—la escuela, el trabajo, las prácticas y las responsabilidades—algunas veces me siento agobiado.
Me pregunto . . .
*¿Puedo terminar todo lo que tengo que hacer?*
*¿Puedo lograr mis metas?*
*¿Defraudaré a los que cuentan conmigo?*
*¿Cómo puedo hacer lo mejor?*

Padre,
durante este tiempo en que me siento agotado, ayúdame a recordar lo que es importante. Ayúdame a depender de ti para tener fortaleza y encontrar el tiempo para centrarme en ti. Sabiendo que estás conmigo ayudándome a ser lo suficientemente fuerte para pasar por este tiempo de tribulación. Amén.

**No sabía que**

**La palabra *ángel* viene del griego y significa "mensajero". Los ángeles fueron creados por Dios como espíritus puros sin cuerpos físicos. En la Biblia leemos sobre los ángeles que llevaban mensajes de Dios. Dios nos dio ángeles para que nos protejan. (Ver Hechos de los apóstoles 12:1–11.)**

## Oración al ángel de la guarda

Angel de la guarda,
dulce compañía,
no me desampares
ni de noche ni de día.
Amén.

## Prayer for Stressful Times

Dear God,
when there is so much happening around me—school, work, practice, and responsibilities—
I sometimes feel so overwhelmed.
I ask myself . . .
*Can I accomplish what has to be done?*
*Will I reach my goals?*
*Will I come through for those counting on me?*
*How can I always do my best?*

Father,
during these times that I feel stressed,
help me to remember what is most important.
Help me to depend on you for strength
and to find time to focus on you.
Knowing that you are with me helps me to be strong enough to get through this stressful time. Amen.

## Angel of God

Angel of God,
my guardian dear,
to whom God's love commits me here,
ever this day be at my side,
to light and guard, to rule and guide.
Amen.

### I didn't Know

**The word *angel* comes from a Greek word that means "messenger." Angels were created by God as pure spirits with no physical bodies. All through the Bible, we find angels carrying God's messages to his people. We also read that God gives us angels to watch over us. (See Acts of the Apostles 12:1–11.)**

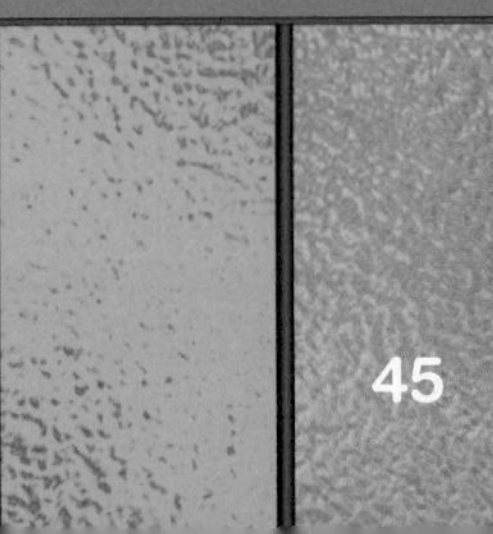

## Oración por **vocación**

Dios de amor,
tienes un gran y amoroso plan
para el mundo y para mí,
deseo compartir plenamente ese plan,
con fidelidad y gozo.

Ayúdame atender lo que tú quieres que
haga con mi vida.
Ayúdame a estar atento a las señales
que me das sobre como prepararme para
el futuro.

Ayúdame a aprender a ver las señales del
reino de Dios dondequiera que sea
llamado, ya sea la vida sacerdotal,
religiosa, de soltero o casado.

Y una vez haya escuchado y entendido tu
llamada, dame la fortaleza y la gracia
para seguirla con generosidad y amor.
Amén.

## Oración para tomar decisiones

Jesús,
sé que debo considerarte en todas
las decisiones que tomo.
Pero algunas veces decido lo que creo es
lo mejor para mí, sin considerar sus
efectos en los demás.
Ayúdame a recordar tu ejemplo cuando
tengo que tomar decisiones.
Ayúdame a decidir hacer lo correcto y a
recordarte cuando tomo mis decisiones.
Guía mis acciones para que tengan
efecto positivo en otros. Amén.

## Prayer for Vocation

Dear God,
you have a great and loving plan
for our world and for me.
I wish to share in that plan fully,
faithfully, and joyfully.

Help me to understand what it is
you wish me to do with my life.
Help me to be attentive to the
signs that you give me about
preparing for the future.

Help me to learn to be a sign
of the Kingdom of God
whether I am called to the priesthood
or religious life, the single or married life.

And once I have heard and understood
your call, give me the strength
and the grace to follow it
with generosity and love. Amen.

## Prayer for Decision Making

Jesus,
I know that I am supposed to consider
you in every decision I make.
But I sometimes decide on what I think is
best for me, without considering its
effect on others.

Help me to remember your example
when I have a decision to make. Help
me to decide to do the right thing and
to remember you as I make my choice.
Guide my actions so they may have a
positive effect on others. Amen.

## Oración *por los enfermos*

Señor Jesús,
tú que hiciste el bien de sanar a todos
te pedimos bendecir a nuestros amigos
enfermos.

Buen Jesús,
cuando estuviste en la tierra, tocaste y
sanaste a muchas personas. Lleva tu consuelo
a los enfermos. Por favor, lleva tu amor
sanador a (nombre) quien está enfermo.
Amén.

## Oración *por los muertos*

Dale Señor el descanso eterno, y brille para
ellos la luz perpetua. Por la misericordia de
Dios, descansen en paz.
Amén.

Que sus almas y las almas de todos los fieles
difuntos, por la misericordia de Dios descansen
en paz.
Amén.

## Oraciones de intercesión

**Jesús hizo oraciones de intercesión por la necesidad del pueblo. Aun cuando estaba muriendo en la cruz él rezó: "Padre, perdónalos, porque no saben lo que hacen" (Lucas 23:34). ¿Quién necesita de tus oraciones hoy?**

# Prayers of Intercession

**Jesus prayed prayers of intercession, prayers for the needs of other people. Even as he hung on the cross he prayed, "Father, forgive them, they know not what they do" (Luke 23:34). Who needs your prayers today?**

## Prayer *for Those Who Are Sick*

Lord Jesus,
who went about doing good and healing all,
we ask you to bless your friends who are sick.

Dear Jesus,
when you were on earth, you touched and
healed so many people.
You bring comfort to the sick.
Please bring your healing love to (name)
who is sick.
Amen.

## Prayer *for Those Who Have Died*

Eternal rest grant unto them, O Lord,
and let perpetual light shine upon them.

May they rest in peace.
Amen.

May their souls and the souls of all the faithful
departed,
through the mercy of God, rest in peace.
Amen.

## Oración *por la paz*

Señor, hazme instrumento de tu paz.
Donde haya odio, que yo siembre amor;
donde haya injuria, perdón;
donde haya discordia, unión;
donde haya duda, fe;
donde haya error, verdad;
donde haya desaliento, esperanza;
donde haya tristeza, alegría;
donde haya sombras, luz.

Oh divino Maestro, concédeme que no
busque ser consolado, sino consolar;
ser comprendido, sino comprender;
ser amado, sino amar.
Porque es dando que recibimos;
perdonando que tú nos perdonas;
y muriendo en ti que
nacemos a la vida eterna.
Amén.

### Más sobre Paz

**En 1963, el papa beato Juan XXIII escribió a toda la Iglesia y al pueblo de buena voluntad en el mundo. El tituló la carta *Pacem in Terris*, que significa "Paz en la Tierra". En ella nos recordó que el mundo nunca será un lugar donde reine la paz hasta que la paz de Cristo encuentre lugar en cada uno de nosotros.**

## More About Peace

In 1963 Blessed Pope John XXIII wrote to the entire Church and to people of good will around the world. He called the letter *Pacem in Terris,* which is Latin for "Peace on Earth." In it he reminded us that the world will never be the dwelling place of peace until the peace of Christ has found a home in each of us.

## Prayer for Peace

Lord, make me an instrument
of your peace:
where there is hatred, let me sow love;
where there is injury, pardon;
where there is doubt, faith;
where there is despair, hope;
where there is darkness, light;
where there is sadness, joy.

O divine Master, grant that I
may not so much seek
to be consoled as to console,
to be understood as to understand,
to be loved as to love.
For it is in giving that we receive,
it is in pardoning that we are
pardoned,
it is in dying that we are born to
eternal life.
Amen.

## Salmo *33*

Nosotros esperamos en el Señor,
él es nuestro socorro y nuestro escudo;
él es la alegría de nuestro corazón,
en su santo nombre confiamos.
Que tu amor, Señor, nos acompañe,
tal como lo esperamos de ti.

Salmo 33:20–22

## Oración *antes del juego*

Padre,
por favor, quédate conmigo y mis compañeros mientras nos preparamos para nuestro juego. Ayúdanos a dar lo mejor, y a recordar las destrezas que hemos practicado. Ayúdanos a trabajar juntos para alcanzar la meta, ya sea que ganemos o perdamos.

Dios, estás con nuestros oponentes también. Ellos han trabajado duro. Ayúdanos a recordar ser buenos compañeros y competidores y mantener la seguridad cuando juguemos. Amén.

## Oración *del atleta*

Padre, gracias por las habilidades que me has dado para hacer este deporte.
Jesús, quédate conmigo mientras juego para que pueda dar lo mejor de mí.
Espíritu Santo, inspírame mientras compito.
Que siempre juegue justamente y con respeto por mis oponentes. Cualquiera que sea el resultado del juego bendíceme, Padre, Hijo y Espíritu Santo. Amén.

## Psalm *33*

Our soul waits for the LORD,
who is our help and shield.
For in God our hearts rejoice;
in your holy name we trust.
May your kindness, LORD, be upon us;
we have put our hope in you.

Psalm 33:20–22

## Prayer *before the Game*

God,
please be with me and my teammates
as we prepare for our game.
Help us to do our best, and to
remember the skills we have practiced.
Help us to work together to achieve
our goal, whether we win or lose.

God, be with our opponents also.
They too have worked hard. Help us
to remember to be good teammates
and competitors and keep us safe as
we play. Amen.

## Athlete's *Prayer*

God, thank you for the abilities you give me
to play my sport.
Jesus, be with me as I play
that I might do my best.
Holy Spirit, inspire me as I compete.
May I always play fairly and with respect
for my opponents.
Whatever the outcome of this game, bless me,
Father, Son, and Holy Spirit. Amen.

# Oraciones de acción de gracias

Jesús hizo oraciones de acción de gracias. Una vez rezó lo siguiente: "Padre, te doy gracias, porque me has escuchado. Yo sé muy bien que me escuchas siempre" (Juan 11:41–42). ¿Cuándo haz hecho oraciones de acción de gracias?

## Salmo *118*

¡Den gracias al Señor porque es bueno, porque es eterno su amor!
Te doy gracias porque me escuchaste, y fuiste mi salvación.
Tú eres mi Dios, yo te doy gracias; Dios mío, yo te glorifico. ¡Den gracias al Señor porque es bueno, porque es eterno su amor!

Salmo 118:1, 21, 28–29

## Oración *para después de la comunión*

Jesús,
gracias por venir a mí en la comunión
gracias por fortalecerme para ser tu discípulo y servir a otros. Ayúdame a agradecer cada día y a estar siempre cerca de ti.
Amén.

## Psalm *118*

Give thanks to the LORD, who is good,
whose love endures forever.
I thank you for you answered me;
you have been my savior.
You are my God, I give you thanks;
my God, I offer you praise.
Give thanks to the LORD, who is good,
whose love endures forever.

Psalm 118:1, 21, 28–29

## Prayers of Thanksgiving

**Jesus prayed prayers of thanksgiving. He once prayed "Father, I thank you for hearing me. I know that you always hear me" (John 11:41–42). When have you said a prayer of thanks?**

## Prayer *after Communion*

Jesus,
thank you for coming to me in
Communion.
Thank you for strengthening me
to be your disciple and to serve
others.
Help me to be grateful for each day
and to stay close to you always.
Amen.

## Oración *para después de comer*

Te doy gracias por todos tus dones, oh Dios todopoderoso que vives y reinas por los siglos de los siglos.
Amén.

## Oración *para la noche*

Dios de amor, antes de irme a dormir quiero agradecerte este día, lleno de tu amor y bondad.Cierro mis ojos y descanso seguro en tu amoroso cuidado.

Escribe tu oración para la noche aquí.

## Mi oración *para la noche*

________________________________________

________________________________________

________________________________________

________________________________________

________________________________________

________________________________________

________________________________________

________________________________________

## Prayer after Meals

We give you thanks for all your gifts,
almighty God,
living and reigning now and for ever.
Amen.

## Evening Prayer

Dear God, before I sleep
I want to thank you for this day,
so full of your kindness and your joy.
I close my eyes to rest
safe in your loving care.

Write your own Evening Prayer here.

## My Evening Prayer

## Oración *por autoestima*

Dios de amor,
sé que me creaste por amor. Me amas como soy.
Dios, tú ves mis talentos escondidos y sabes lo que soy capaz de hacer.
Algunas veces no soy feliz de ser como soy.
Ayúdame a verme como tú me ves.
Amén.

**P: ¿Has descubierto algo de ti mismo que te ha sorprendido?**

**R: La semana pasada estaba trabajando en un proyecto para la escuela con mis amigos. La maestra pidió que diseñáramos banderas y carteles para un evento que tendría lugar en la escuela. Después de terminar mi cartel, mi grupo no paraba de decir "¡GUAO! Es fantástico." Hasta gané el premio del mejor diseño. No sabía que tenía talento para dibujar porque me estaba divirtiendo con el trabajo. Ahora quiero pedir a mi mamá que me deje tomar clases especiales los sábados en las mañanas. Hay muchas cosas que quisiera aprender.**

**Andrés, 12 años, California**

## Meet Andrés

**Q:** Have you ever discovered something about yourself that surprised you?

**A:** Last week I was working on a group project at school. My teacher assigned each group to design and draw banners and posters for an event the school was going to have. After I finished my poster, my group kept saying "WOW! That's great!" I even won the Best Design ribbon! I didn't even think about drawing as a talent because I had fun doing this project. Now I want to ask my mom about taking a special art class on Saturday mornings. There's so much I want to learn.

Andrés, 12 years old, California

## Prayer *for Self-Appreciation*

Dear God,
I know you created me out of love.
You love me no matter what—just the way I am.
God, you see my hidden talents and know what I can do.
Sometimes I am not happy being me.
Help me to see myself as you see me.
Amen.

# Oraciones de alabanzas

**Jesús también hizo oraciones de alabanza. El alabó a su Padre como fuente de todo bien. Una vez hizo la siguiente oración: "Yo te alabo, Padre, Señor del cielo y de la tierra" (Mateo 11:25). ¿Con qué palabras de alabanza rezarás?**

## Salmo *66*

Aclama a Dios, tierra entera, canten en honor de su nombre, alaben su Gloria.

Digan a Dios: "¡Qué admirables son tus obras!"

Salmo 66:1—3a

## Salmo *23*

El Señor es mi pastor, nada me falta.
En prados de hierba fresca me hace descansar, me conduce junto a aguas tranquilas, y renueva mis fuerzas.
Me guía por la senda del bien, haciendo honor a su nombre.
Aunque pase por un valle tenebroso, ningún mal temeré,
porque tú estás conmigo; tu vara y tu bastón me dan seguridad.

Salmo 23:1—4

## Psalm 66

Shout joyfully to God, all you on earth;
sing of his glorious name;
give him glorious praise.
Say to God: "How awesome your deeds!"

Psalm 66:1–3a

## Psalm 23

The LORD is my shepherd;
there is nothing I lack.
In green pastures you let me graze;
to safe waters you lead me;
you restore my strength.
You guide me along the right path
for the sake of your name.
Even when I walk through a dark valley,
I fear no harm for you are at my side;
your rod and staff give me courage.

Psalm 23:1–4

## Prayers of Praise

**Jesus sometimes prayed prayers of praise. He praised his Father as the source of everything that is good. He once prayed, "I give praise to you, Father, Lord of heaven and earth" (Matthew 11:25). What words of praise will you pray?**

Sabías que las oraciones en honor a Dios Padre, Dios Hijo y Dios Espíritu Santo que se inician con la palabra bendito, probablemente fueron escritas hace más de 300 años por un sacerdote llamado Luigi Felici. Las oraciones en honor a la Santísima Madre, San José, los ángeles y santos fueron añadidas más tarde. Cuando nos reunimos para la bendición con el Santísimo Sacramento hacemos estas alabanzas. (Ver página 78.)

## Alabanzas *al Santísimo Sacramento*

Bendito sea Dios.
Bendito sea su santo nombre.
Bendito sea Jesucristo, verdadero Dios y verdadero hombre.
Bendito sea el nombre de Jesús.
Bendito sea su sacratísimo Corazón.
Bendita sea su preciosísima Sangre.
Bendito sea Jesús en el Santísimo Sacramento del altar.
Bendito sea el Espíritu Santo, Paráclito.
Bendita sea la excelsa Madre de Dios, María Santísima.
Bendita sea su santa e inmaculada concepción.
Bendita sea su gloriosa asunción.
Bendito sea el nombre de María, Virgen y Madre.
Bendito sea San José, su castísimo esposo.
Bendito sea Dios en sus ángeles y en sus santos.

## Did you Know?

The prayers in honor of God the Father, God the Son, and God the Holy Spirit that begin the Divine Praises were probably written over 300 years ago by a priest named Father Luigi Felici. The prayers in honor of the Blessed Mother, Saint Joseph, and the angels and saints were added later. We pray the Divine Praises when we gather for Benediction of the Most Blessed Sacrament. (See page 79.)

## Divine *Praises*

Blessed be God.
Blessed be his holy name.
Blessed be Jesus Christ, true God and true man.
Blessed be the name of Jesus.
Blessed be his most sacred heart.
Blessed be his most precious blood.
Blessed be Jesus in the most holy sacrament of the altar.
Blessed be the Holy Spirit, the Paraclete.
Blessed be the great mother of God, Mary most holy.
Blessed be her holy and immaculate conception.
Blessed be her glorious assumption.
Blessed be the name of Mary, virgin and mother.
Blessed be Saint Joseph, her most chaste spouse.
Blessed be God in his angels and in his saints.

## Magnificat

Mi alma glorifica al Señor,
y mi espíritu se alegra
en Dios mi Salvador,
porque ha mirado la humildad
de su sierva.
Desde ahora me llamarán dichosa
todas las generaciones,
porque ha hecho en mí cosas
grandes el todopoderoso.
Su nombre es santo,
y su misericordia es eterna
con aquellos que le honran.
Actuó con la fuerza de su brazo
y dispersó a los de corazón
soberbio.
Derribó de sus tronos a
los poderosos
y engrandeció a los humildes.
Colmó de bienes a los
hambrientos
y a los ricos despidió sin nada.
Tomo de la mano a Israel,
su siervo,
acordándose de su misericordia,
como lo había prometido
a nuestros antepasados,
en favor de Abrahán
y su descendencia para siempre.

Virgen de
Chiquinquirá

*A Child Is Born,* © 2007, Michael Escoffery, Artists Rights Society (ARS), NY

## The *Magnificat*

### (Canticle of Mary)

My soul proclaims the greatness of the Lord,
my spirit rejoices in God my Savior;
for he has looked with favor on his lowly servant.
From this day all generations will call me blessed:
the Almighty has done great things for me,
and holy is his Name.
He has mercy on those who fear him
in every generation.
He has shown the strength of his arm,
he has scattered the proud in their conceit.
He has cast down the mighty from their thrones,
and has lifted up the lowly.
He has filled the hungry with good things,
and the rich he has sent away empty.
He has come to the help of his servant Israel
for he has remembered his promise of mercy,
the promise he made to our fathers,
to Abraham and his children for ever.

Nuestra Señora de la Altagracia

# María en América Latina

## Devoción

El pueblo latinoamericano venera a María con profundo amor y devoción. Esta devoción a María es parte del pueblo porque las devociones han nacido de sus propias experiencias religiosas, haciéndose parte de su identidad. La Iglesia reconoce la importancia de estas devociones ya que ayudan al pueblo a expresar su fe.

## Títulos

Nuestra Señora de Luján . . . . . . . . . . . . . . Argentina
Nuestra Señora de Copacabana . . . . . . . . . Bolivia
Nuestra Señora de Los Angeles. . . . . . . . . . Costa Rica
Nuestra Señora de la Caridad del Cobre . . . Cuba
Nuestra Señora de la Altagracia . . . . . . . . . República Dominicana
Nuestra Señora de Guadalupe . . . . . . . . . . México
Nuestra Señora de la Divina Providencia . . Puerto Rico
Nuestra Señora del Carmelo del Maipú. . . . Chile
Nuestra Señora de la Inmaculada
Concepción del Viejo . . . . . . . . . . . . . . . Guatemala
Nuestra Señora de Quinché . . . . . . . . . . . Ecuador
Nuestra Señora de la Paz . . . . . . . . . . . . . . El Salvador
Nuestra Señora de Suyapa . . . . . . . . . . . . . Honduras
Inmaculada Concepción . . . . . . . . . . . . . . Panamá
Nuestra Señora de la Misericordia . . . . . . . Perú
Nuestra Señora de los Treinta y Tres. . . . . . Uruguay
Nuestra Señora de Coromoto . . . . . . . . . . . Venezuela
Nuestra Señora de Chiquinquirá. . . . . . . . . Colombia

# Mary *in Latin America*

## Devotion

People in all of Latin America venerate Mary with a deep love and devotion. The devotion to Mary is part of the people because the devotions have grown from their own religious experiences, becoming part of their own identity. The Church recognizes the importance of these devotions which help the people to express their beliefs.

## Titles

Our Lady of Luján . . . . . . . . . . . . . . Argentina
Our Lady of Copacabana . . . . . . . . Bolivia
Our Lady of the Angels . . . . . . . . . . Costa Rica
Our Lady of Charity of the Cobre. . . . Cuba
Our Lady of the Altagracia . . . . . . . Dominican Republic
Our Lady of Guadalupe. . . . . . . . . . Mexico
Our Lady of Divine Providence . . . . . Puerto Rico
Our Lady of Carmel of Maipú . . . . . Chile
Our Lady of the Immaculate
Conception of the Viejo . . . . . . . . Guatemala
Our Lady of Quinché. . . . . . . . . . . . Ecuador
Our Lady of Peace. . . . . . . . . . . . . . El Salvador
Our Lady of Suyapa . . . . . . . . . . . . Honduras
The Immaculate Conception . . . . . . . Panama
Our Lady of Mercy . . . . . . . . . . . . . Peru
Our Lady of the Thirty Three . . . . . . . Uruguay
Our Lady of Coromoto. . . . . . . . . . . Venezuela
Our Lady of Chiquinquirá . . . . . . . . Colombia

Our Lady of Coromoto

# Vida y prácticas católicas

## Sacramentos de la iniciación cristiana

Bautismo

Confirmación

Eucaristía

## Sacramentos de sanación

Penitencia y Reconciliación

Unción de los Enfermos

## Sacramentos al servicio de la comunidad

Orden Sagrado

Matrimonio

### Celebrando los sacramentos

Los sacramentos del Bautismo, Confirmación y Eucaristía son llamados *sacramentos de iniciación cristiana*. Por estos sacramentos somos iniciados en la Iglesia, fortalecidos y alimentados.

Los sacramentos de la Penitencia y Reconciliación y Unción de los Enfermos son conocidos como *sacramentos de sanación*. Por medio de estos sacramentos vivimos el perdón, la paz y la sanación de Dios.

Los sacramentos de Orden Sagrado y Matrimonio son llamados *sacramentos al servicio de la comunidad*. Por medio de estos sacramentos servimos a Dios y a la Iglesia al servir a otros.

The Sacraments of Baptism, Confirmation, and Eucharist are called the *Sacraments of Christian Initiation.* Through these sacraments we are born into the Church, strengthened, and nourished.

The Sacraments of Penance and Reconciliation and Anointing of the Sick are known as the *Sacraments of Healing.* Through these sacraments we experience God's forgiveness, peace, and healing.

The Sacraments of Holy Orders and Matrimony are called *Sacraments at the Service of Communion.* Through these sacraments we are strengthened to serve God and the Church through service to others.

## Sacraments of Christian Initiation

Baptism

Confirmation

Eucharist

## Sacraments of Healing

Penance and Reconciliation

Anointing of the Sick

## Sacraments at the Service of Communion

Holy Orders

Matrimony

# Oraciones de la misa

## Acto penitencial

Yo confieso ante Dios todopoderoso
y ante vosotros, hermanos,
que he pecado mucho
de pensamiento, palabra, obra y omisión.
Por mi culpa, por mi culpa, por mi gran culpa.
Por eso ruego a Santa María, siempre Virgen,
a los ángeles, a los santos
y a ustedes, hermanos,
que intercedan por mí ante
Dios, nuestro Señor.

## Gloria

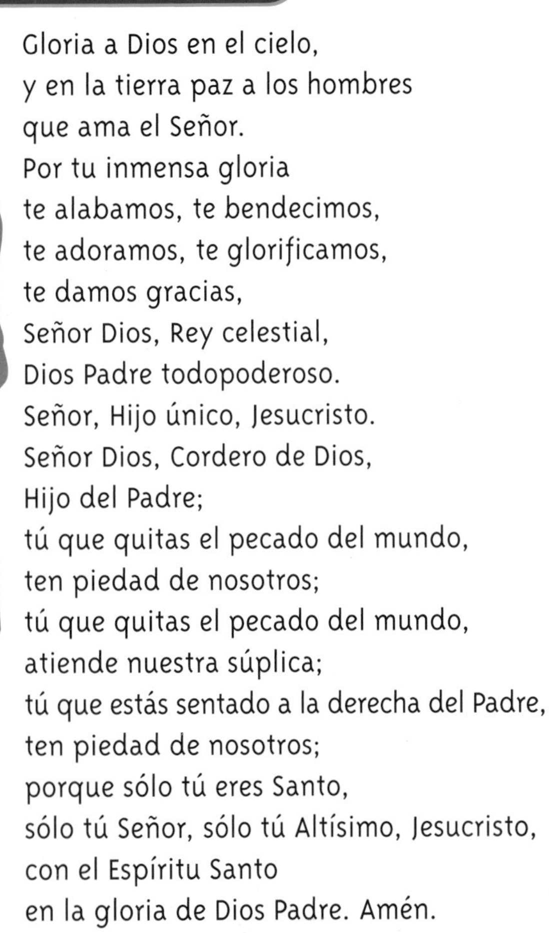

Gloria a Dios en el cielo,
y en la tierra paz a los hombres
que ama el Señor.
Por tu inmensa gloria
te alabamos, te bendecimos,
te adoramos, te glorificamos,
te damos gracias,
Señor Dios, Rey celestial,
Dios Padre todopoderoso.
Señor, Hijo único, Jesucristo.
Señor Dios, Cordero de Dios,
Hijo del Padre;
tú que quitas el pecado del mundo,
ten piedad de nosotros;
tú que quitas el pecado del mundo,
atiende nuestra súplica;
tú que estás sentado a la derecha del Padre,
ten piedad de nosotros;
porque sólo tú eres Santo,
sólo tú Señor, sólo tú Altísimo, Jesucristo,
con el Espíritu Santo
en la gloria de Dios Padre. Amén.

# Prayers from the Mass

## Confiteor

I confess to almighty God,
and to you, my brothers and sisters,
that I have sinned through my own fault
in my thoughts and in my words,
in what I have done,
and in what I have failed to do;
and I ask blessed Mary, ever virgin,
all the angels and saints,
and you, my brothers and sisters,
to pray for me to
the Lord our God.

## Gloria

Glory to God in the highest,
and peace to his people on earth.

Lord God, heavenly King,
almighty God and Father,
we worship you, we give you thanks,
we praise you for your glory.

Lord Jesus Christ, only Son of the Father,
Lord God, Lamb of God,
you take away the sin of the world:
have mercy on us;
you are seated at the right hand of the Father:
receive our prayer.

For you alone are the Holy One,
you alone are the Lord,
you alone are the Most High,
Jesus Christ,
with the Holy Spirit,
in the glory of God the Father. Amen.

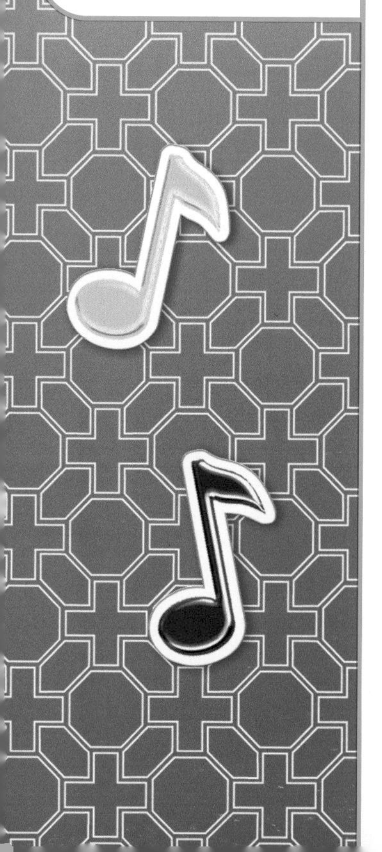

## Credo de Nicea

Creo en un solo Dios,
Padre todopoderoso,
Creador del cielo y de la tierra,
de todo lo visible y lo invisible.

Creo en un solo Señor, Jesucristo,
Hijo único de Dios,
nacido del Padre antes de
todos los siglos,
Dios de Dios, Luz de Luz, Dios
verdadero de Dios verdadero,
engendrado, no creado,
de la misma naturaleza del Padre,
por quien todo fue hecho;
que por nosotros, los hombres,
y por nuestra salvación
bajó del cielo,
y por obra del Espíritu Santo
se encarnó de María, la Virgen,
y se hizo hombre;
y por nuestra causa fue crucificado
en tiempos de Poncio Pilato;
padeció y fue sepultado,
y resucitó, al tercer día, según las
Escrituras, y subió al cielo,
y está sentado a la derecha del Padre;
y de nuevo vendrá con gloria
para juzgar a vivos y muertos,
y su reino no tendrá fin.

Creo en el Espíritu Santo,
Señor y dador de vida,
que procede del Padre y del Hijo,
que con el Padre y el Hijo
recibe una misma adoración y
gloria,
y que habló por los profetas.

Creo en la Iglesia,
que es una, santa, católica y
apostólica.
Confieso que hay un solo bautismo
para el perdón de los pecados.
Espero la resurrección de los
muertos
y la vida del mundo futuro. Amén.

## Nicene *Creed*

We believe in one God,
the Father, the Almighty,
maker of heaven and earth,
of all that is seen and unseen.

We believe in one Lord, Jesus Christ,
the only Son of God,
eternally begotten of the Father,
God from God, Light from Light,
true God from true God,
begotten, not made, one in Being
with the Father.
Through him all things were made.
For us men and for our salvation
he came down from heaven:
by the power of the Holy Spirit
he was born of the Virgin Mary,
and became man.

For our sake he was crucified
under Pontius Pilate;
he suffered, died, and was buried.
On the third day he rose again
in fulfillment of the Scriptures;
he ascended into heaven
and is seated at the right hand
of the Father.
He will come again in glory to judge
the living and the dead,
and his kingdom will have no end.

We believe in the Holy Spirit, the Lord,
the giver of life,
who proceeds from the Father and
the Son.
With the Father and the Son
he is worshiped and glorified.
He has spoken through the Prophets.
We believe in one holy catholic
and apostolic Church.
We acknowledge one baptism for the
forgiveness of sins.
We look for the resurrection of the
dead,
and the life of the world to come.
Amen.

Santo, Santo, Santo es el Señor, Dios del
Universo.
Llenos están el cielo y la tierra
de tu gloria. Hosanna en el cielo.
Bendito el que viene en nombre del Señor.
Hosanna en el cielo.

**Latín**

Sanctus, Sanctus, Sanctus Dominus
Deus Sabaoth.
Pleni sunt cæli et terra gloria tua.
Hosanna in excelsis.
Benedictus qui venit in nomine
Domini.
Hosanna in excelsis.

## Holy, Holy, Holy

Holy, holy, holy Lord,
God of power and might,
heaven and earth are full of your glory.
Hosanna in the highest.
Blessed is he who comes in
the name of the Lord.
Hosanna in the highest.

### Latin

Sanctus, Sanctus, Sanctus Dominus
Deus Sabaoth.
Pleni sunt cæli et terra gloria tua.
Hosanna in excelsis.
Benedictus qui venit in nomine
Domini.
Hosanna in excelsis.

## ¿Sabías?

Las oraciones en las páginas 70, 72, 74 y 76 son de la misa. La misa tiene cuatro partes. Ritos Iniciales, Liturgia de la Palabra, Liturgia de la Eucaristía y Ritos de Conclusión. Las oraciones en las páginas 74 y 76 son rezadas durante la Liturgia de la Eucaristía.

## Aclamación

Anunciamos tu muerte,
proclamamos tu resurrección.
¡Ven, Señor Jesús!

## Cordero de Dios

Cordero de Dios, que quitas el
pecado del mundo,
ten piedad de nosotros.
Cordero de Dios, que quitas el
pecado del mundo,
ten piedad de nosotros.
Cordero de Dios, que quitas el
pecado del mundo,
danos la paz.

**Latín**

Agnus Dei, qui tollis peccata mundi:
miserere nobis.
Agnus Dei, qui tollis peccata mundi:
miserere nobis.
Agnus Dei, qui tollis peccata mundi:
dona nobis pacem.

## Memorial *Acclamation*

Dying you destroyed our death,
rising you restored our life.
Lord Jesus, come in glory.

## Lamb *of God*

Lamb of God, you take away the
sins of the world:
have mercy on us.
Lamb of God, you take away the
sins of the world:
have mercy on us.
Lamb of God, you take away the
sins of the world:
grant us peace.

**Latin**

Agnus Dei, qui tollis peccata
mundi: miserere nobis.
Agnus Dei, qui tollis peccata
mundi: miserere nobis.
Agnus Dei, qui tollis peccata
mundi: dona nobis pacem.

## Did you Know?

The prayers on pages 71, 73, 75, and 77 are from the Mass. There are four parts of the Mass: the Introductory Rites, the Liturgy of the Word, the Liturgy of the Eucharist, and the Concluding Rites. The prayers on pages 75 and 77 are all prayed during the Liturgy of the Eucharist.

## Visita *al Santísimo Sacramento*

Las Hostias consagradas que no son consumidas durante la comunión son puestas en el tabernáculo. Una lámpara especial, llamada *lámpara del santuario*, está siempre encendida cerca del tabernáculo. La luz nos recuerda que Jesucristo está presente en el Santísimo Sacramento. Mostramos reverencia por Jesús, quien está realmente presente en la Eucaristía, haciendo una *genuflexión*, doblando nuestra rodilla derecha hacia el tabernáculo.

Algunas veces visitamos la iglesia cuando no se está celebrando la misa u otro sacramento para "hacer una visita"—pasar tiempo con Jesús para decirle que lo amamos y contarle nuestras necesidades, esperanzas y darle gracias.

## *Bendición* con el Santísimo

La bendición es una práctica antigua de la Iglesia. La palabra *bendición* es "benediction" en Latín.

Para la bendición con el Santísimo se toma una Hostia consagrada y se coloca en un objeto especial llamado *custodia*, para que todos puedan ver el Santísimo Sacramento. La bendición incluye himnos, una bendición y oraciones de alabanzas al Santísimo Sacramento (ver página 62). El sacerdote quema incienso ante el Santísimo Sacramento. El incienso es señal de adoración y oración que ofrecemos a la presencia de Dios.

Esta hermosa devoción nos recuerda que Jesús llena nuestras vidas de bendiciones.

## Visit *to the Most Blessed Sacrament*

After Communion at Mass, the consecrated Hosts that remain are placed in the tabernacle. A special light, called the *sanctuary lamp*, is always kept burning nearby. This light reminds us that Jesus Christ is present in the Most Blessed Sacrament. We show reverence for Jesus, who is really present in the Eucharist. We do this by *genuflecting*, or bending the right knee to the floor, toward the tabernacle.

We often go into church at times other than the celebration of Mass and the sacraments to "make a visit"—to take time to tell Jesus of our love, our needs, our hopes, and our thanks.

### *Benediction*

Benediction is a very old practice in the Church. The word *benediction* comes from the Latin word for "blessing."

At Benediction a large Host, that was consecrated during Mass, is placed in a special holder called a *monstrance* (comes from a Latin word meaning "to show") so that all can see the Most Blessed Sacrament. Benediction includes hymns, a blessing, and praying the Divine Praises (see page 63). The priest burns incense before the Most Blessed Sacrament. The incense is a sign of the adoration and prayer we offer in God's presence.

This beautiful devotion of Benediction reminds us that Jesus fills our lives with blessings.

# El sacramento de Penitencia y Reconciliación

## Cuatro partes del sacramento

### Contrición

- Expreso mi arrepentimiento.
- Digo a Dios que estoy verdaderamente arrepentido de mis pecados y que prometo firmemente no volver a pecar.
- Hago un acto de contrición.

### Confesión

- Confieso mis pecados al sacerdote.
- Converso con el sacerdote sobre formas de amar a Dios y a los demás.

### Penitencia

- El sacerdote nos pide hacer una oración o una obra que muestre que estamos arrepentidos de nuestros pecados. Esto es la *penitencia*. Esto nos ayuda a satisfacer cualquier daño causado por nuestro pecado y acercarnos más a Cristo.

### Absolución

- Se nos da el perdón de Dios de nuestros pecados por medio de las palabras y acciones del sacerdote.

# The Sacrament of Penance and Reconciliation

## Four Parts *of the Sacrament*

### Contrition

- We express heartfelt sorrow.
- We tell God we are truly sorry for our sins and firmly intend not to sin again.
- We pray an act of contrition.

### Confession

- We tell or confess our sins to the priest.
- We talk with the priest about ways to love God and others.

### Penance

- The priest asks us to say a prayer or perform a good act that shows sorrow for sins. This prayer or action is a *penance*. It helps to make up for any harm caused by sin and to grow as a disciple of Christ.

### Absolution

- We are given God's forgiveness of our sins through the words and actions of the priest.

## *Examen de* conciencia

Estas son algunas preguntas que te pueden ayudar a reflexionar en tu relación con Dios y los demás. También puedes repasar los Diez Mandamientos (página 86) y las Bienaventuranzas (página 90).

### Amar a Dios con todo tu corazón

- ¿Hay cosas o personas en tu vida más importantes que Dios? ¿Has leído la Biblia y has rezado?
- ¿Respetas el nombre de Dios y el de Jesús?
- ¿Asistes a misa y descansas los domingos?

### Amar a los demás

- ¿Obedeces a Dios obedeciendo a tus padres, tutores y maestros?
- ¿Has ofendido a otros con tus palabras y acciones? ¿Has ayudado a los necesitados?
- ¿Has sido egoísta o has tomado las pertenencias de otros sin su permiso? ¿Has compartido tus pertenencias?
- ¿Te has alegrado por otros que han obtenido cosas que querían o necesitaban?

### Amor a ti mismo

- ¿Te has respetado? ¿Has cuidado de tu cuerpo y respetado a los demás? ¿He respetado la dignidad de las personas?
- ¿He sido honesto? ¿He mentido o engañado?
- ¿He mostrado respeto por mí mismo y los demás con la forma en que me visto y hablo?

**Cuando examinamos nuestra conciencia pensamos como nuestras decisiones han mostrado que amamos a Dios, a nosotros mismos y a los demás. Nos preguntamos si hemos pecado haciendo o no cosas que sabemos van en contra de la ley de Dios.**

# Examination of Conscience

Here are some questions to help you reflect on your relationship with God and others. You might review the Ten Commandments (page 87) and the Beatitudes (page 91).

## Love God with all your heart

- Do I make anyone or anything more important to me than God? Have I read from the Bible and prayed?
- Do I respect God's name and the name of Jesus?
- Do I participate in Mass on Sunday and keep Sunday as a day of rest?

## Love others

- Do I show obedience to God by obeying my parents, guardians, and teachers?
- Have I hurt others by my words and actions? Have I helped those in need?
- Have I been selfish or taken the belongings of others without their permission? Have I shared my belongings?
- Have I been happy for others when they have the things they want or need?

## Love yourself

- Do I respect myself? Do I take good care of my body and show respect to others? Do I respect the dignity of everyone I meet?
- Have I been honest? Have I lied or cheated?
- Do I speak, act, and dress in ways that show respect for myself and others?

### How am I Doing?

When we examine our conscience, we think about whether the choices we have made showed love for God, ourselves, and others. We ask ourselves whether we have sinned, either by doing something that we know is against God's law, or by not doing something that God's law calls us to do.

# Acto de contrición

Dios mío,
con todo mi corazón me arrepiento
de todo el mal que he hecho y de todo
lo bueno que he dejado de hacer.
Al pecar, te he ofendido a ti,
que eres el supremo bien y digno de
ser amado sobre todas las cosas.
Propongo firmemente, con la ayuda
de tu gracia, hacer penitencia, no
volver a pecar y huir de las ocasiones
de pecado. Señor, por los méritos de la
pasión de nuestro Salvador Jesucristo,
apiádate de mí. Amén.

## Más sobre

### acto de contrición

**es una oración con la que expresamos arrepentimiento de las cosas malas que hemos hecho. Rezamos un acto de contrición durante la celebración de la Penitencia. También podemos rezarlo cuando queremos pedir perdón a Dios. Puedes rezar un acto de contrición que se encuentra en esta página o cualquier otro. También puedes rezar con palabras de arrepentimiento como por ejemplo: "Señor Jesús, Hijo de Dios, ten misericordia de mí, un pecador".**

## Act of Contrition

My God,
I am sorry for my sins with all my heart.
In choosing to do wrong
and failing to do good,
I have sinned against you
whom I should love above all things.
I firmly intend, with your help,
to do penance,
to sin no more,
and to avoid whatever leads me to sin.
Our Savior Jesus Christ
suffered and died for us.
In his name, my God, have mercy.

### Acts of Contrition

**An Act of Contrition is a prayer in which we express sorrow for our wrongdoings. We pray an Act of Contrition during the Sacrament of Penance. We can also pray it anytime we want to ask God's forgiveness. You can pray the Act of Contrition on this page or any other Act of Contrition. You can also use your own words of sorrow such as: "Lord Jesus, Son of God, have mercy on me, a sinner."**

## Los Diez Mandamientos

1. Yo soy el Señor, tu Dios. No tendrás otros dioses fuera de mí.
2. No tomarás en vano el nombre del Señor, tu Dios.
3. Guardarás el día del Señor para santificarlo.
4. Honra a tu padre y a tu madre.
5. No matarás.
6. No cometerás adulterio.
7. No robarás.
8. No darás testimonio falso contra tu prójimo.
9. No desearás la mujer de tu prójimo.
10. No codiciarás los bienes de tu prójimo.

## Amor y respeto

**Dios nos dio los Diez Mandamientos para que supiéramos vivir una vida de amor. Los primeros tres mandamientos nos ayudan a amar y respetar a Dios. Los siete restantes nos ayudan a mostrar amor y respeto a nosotros mismos y a los demás.**

# Love and Respect

**God gave us the Ten Commandments so we can know how to live a life of love. The first three commandments help us to show love and respect for God. The other seven commandments help us to show love and respect for ourselves and others.**

## The Ten Commandments

1. I am the LORD your God: you shall not have strange gods before me.
2. You shall not take the name of the LORD your God in vain.
3. Remember to keep holy the LORD's Day.
4. Honor your father and your mother.
5. You shall not kill.
6. You shall not commit adultery.
7. You shall not steal.
8. You shall not bear false witness against your neighbor.
9. You shall not covet your neighbor's wife.
10. You shall not covet your neighbor's goods.

## El *Gran* Mandamiento

Una vez mientras Jesús enseñaba, alguien le preguntó cuál era el mandamiento más importante. Jesús contestó:

"Amarás al Señor tu Dios con todo tu corazón, con toda tu alma y con toda tu mente. Este es el primer mandamiento y el más importante. El segundo es semejante a este: Amarás a tu prójimo como a ti mismo" (Mateo 22:37–39).

## Conoce a *Ana*

**Edad:** 11 años

**Ciudad:** Chicago, Illinois

"Hoy estaba almorzando con mis dos amigos en nuestra mesa habitual. Mientras conversábamos vi a Carolina, que buscaba un lugar donde sentarse. Muchos de los estudiantes la habían ignorado y una de las niñas se mofó de ella y los demás se rieron. Decidimos invitarla a sentarse con nosotros y por primera ver la vi sonreír. Nos divertimos compartiendo historias y riéndonos con Carolina. Le di la mitad de mi manzana y ella me dio una galletita. Me alegró sé sentara con nosotros, sé que será una gran amiga".

## Meet Ana

**Age:** 11

**Town:** Chicago, Illinois

"Today I was eating lunch with two of my friends at our regular table. As we were talking, I saw the new girl, Caroline, looking for a place to sit. She seemed upset. A lot of the kids in our class have been ignoring her. This morning one of the popular girls made fun of her outfit and everyone laughed. Since Caroline seemed lost, my friends and I decided to invite her to sit at our table. For the first time that day I saw her smile. My friends and I had a great time sharing stories and laughing together with Caroline. I even gave her half of my apple and she gave me one of her cookies. I'm so glad we asked Caroline to sit with us. She is going to be a great friend."

## The *Great* Commandment

Once while Jesus was teaching, someone asked him which commandment was the greatest. Jesus replied:

"You shall love the Lord, your God, with all your heart, with all your soul, and with all your mind. This is the greatest and the first commandment. The second is like it: You shall love your neighbor as yourself" (Matthew 22:37–39).

## Las *Bienaventuranzas*

Dichosos los pobres de espíritu; porque de ellos será el reino de Dios.
Dichosos los afligidos; porque Dios los consolará.
Dichosos los humildes; porque heredarán la tierra.
Dichosos los que tienen hambre y sed de hacer la voluntad de Dios; porque Dios los saciará.
Dichosos los misericordiosos; porque Dios tendrá misericordia de ellos.
Dichosos los limpios de corazón; porque verán a Dios.
Dichosos los que construyen la paz; porque Dios los llamará sus hijos.
Dichosos los perseguidos por hacer la voluntad de Dios; porque de ellos es el reino de los cielos.

Mateo 5:3–10

## Más sobre Las Bienaventuranzas

**Las Bienaventuranzas son enseñanzas de Jesús que describen la forma de vivir como sus discípulos. Aprendemos en ellas que Dios da esperanza a todos. La palabra *dichoso* significa "feliz". Jesús explica que seremos felices si amamos y confiamos en Dios como él lo hizo. ¿Conoces a alguien que es verdaderamente feliz?**

## The Beatitudes

**The Beatitudes are teachings of Jesus that describe the way to live as his disciples. We learn from the Beatitudes that God offers hope to every person. The word *blessed* means "happy." Jesus explains that we will be happy when we love God and trust him as Jesus did. Do you know people who are truly happy?**

## The *Beatitudes*

Blessed are the poor in spirit,
for theirs is the kingdom of heaven.

Blessed are they who mourn,
for they will be comforted.

Blessed are the meek,
for they will inherit the land.

Blessed are they who hunger
and thirst for righteousness,
for they will be satisfied.

Blessed are the merciful,
for they will be shown mercy.

Blessed are the clean of heart,
for they will see God.

Blessed are the peacemakers,
for they will be called children of God.

Blessed are they who are persecuted
for the sake of righteousness,
for theirs is the kingdom of heaven.

Matthew 5:3–10

# Obras de misericordia

## Obras espirituales de misericordia

Aconsejar al que duda.
(Dar consejo al que lo necesite.)

Instruir al ignorante.
(Compartir nuestros conocimientos.)

Perdonar al pecador.
(Perdonar las ofensas.)

Corregir al que se equivoca.
(Corregir al que lo necesite.)

Consolar al afligido.
(Consolar al que sufre.)

Tener paciencia.
(Soportar con paciencia.)

Rezar por vivos y muertos.

## Obras corporales de misericordia

Dar de comer al hambriento.

Dar de beber al sediento.

Vestir al desnudo.

Alojar al que no tiene techo.

Visitar a los enfermos.

Visitar a los presos.

Enterrar a los muertos.

### ¿Sabías?

Las obras de misericordia son actos de amor que nos ayudan a cuidar de las necesidades de los demás. Las obras corporales de misericordia son formas en que cuidamos de las necesidades físicas y materiales de los demás. Las obras espirituales de misericordia son formas en que podemos servir las necesidades del alma, corazón y mente de los demás. Somos testigos de Jesús cuando hacemos obras de misericordia.

## The *Works of Mercy*

### Spiritual Works of Mercy

Counsel the doubtful.
(Give advice to those who need it.)

Instruct the ignorant.
(Share our knowledge with others.)

Admonish sinners.
(Give correction to those who need it.)

Comfort the afflicted.
(Comfort those who suffer.)

Forgive offenses.
(Forgive those who hurt us.)

Bear wrongs patiently.
(Be patient with others.)

Pray for the living and the dead.

The Works of Mercy are acts of love that help us care for the needs of others. The Corporal Works of Mercy are ways we can take care of the physical and material needs of others. The Spiritual Works of Mercy are ways we can serve the needs of people's hearts, minds, and souls. We give witness to Jesus when we perform the Works of Mercy.

### Corporal Works of Mercy

Feed the hungry.

Give drink to the thirsty.

Clothe the naked.

Shelter the homeless.

Visit the sick.

Visit the imprisoned.

Bury the dead.

## Los preceptos de la Iglesia

1. Debemos asistir a misa los domingos y los días de precepto y no hacer trabajos pesados que nos impidan santificar el día.
2. Confesarse por lo menos una vez al año.
3. Recibir la Eucaristía por los menos una vez durante el Tiempo de Pascua.
4. Observar los días de ayuno y abstinencia establecidos por la Iglesia.
5. Ayudar a satisfacer las necesidades de la Iglesia.

### ¿Por qué necesitamos de ellos?

**El papa y los obispos han establecido estas leyes, preceptos, para ayudarnos a cumplir con nuestras responsabilidades como miembros de la Iglesia. Estas leyes son llamadas *preceptos de la Iglesia*. Nos enseñan como actuar como miembros de la Iglesia. También para asegurar que la Iglesia tiene lo que necesita de sus miembros para crecer.**

## Días de precepto

Estos son los días de precepto en Estados Unidos.

María, Madre de Dios
(1 de enero)

Ascensión
(Cuando se celebra en jueves durante el Tiempo de Pascua)

Asunción de María
(15 de agosto)

Todos los santos
(1 de noviembre)

Inmaculada Concepción
(8 de diciembre)

Navidad
(25 de diciembre)

## The Precepts *of the Church*

1. You shall attend Mass on Sundays and on holy days of obligation and rest from servile labor.
2. You shall confess your sins at least once a year.
3. You shall receive the Sacrament of the Eucharist at least during the Easter season.
4. You shall observe the days of fasting and abstinence established by the Church.
5. You shall help to provide for the needs of the Church.

**The pope and bishops have established some laws to help us know and fulfill our responsibilities as members of the Church. These laws are called the *precepts of the Church*. They teach us how we should act as members of the Church. They help the Church to grow together in Christ.**

## *Holy Days* of Obligation

Here are the holy days of obligation that the Church in the United States celebrates.

Solemnity of Mary, Mother of God
(January 1)

Ascension
(when celebrated on Thursday during the Easter season)

Assumption of Mary
(August 15)

All Saints' Day
(November 1)

Immaculate Conception
(December 8)

Christmas
(December 25)

# Doctrina social de la Iglesia

La doctrina social de la Iglesia nos llama a trabajar por la justicia y la paz como lo hizo Jesús. La vida y las enseñanzas de Jesús son la base de la doctrina social de la Iglesia.

**Vida y dignidad de la persona** La vida humana es sagrada porque es un don de Dios. Porque somos hijos de Dios, todos compartimos la misma dignidad humana. Nuestra dignidad viene de ser creados a imagen y semejanza de Dios. Esto nos hace a todos iguales.

**Llamada a la familia, la comunidad y la participación** La familia es la comunidad básica de la sociedad. En la familia crecemos y aprendemos valores. Como cristianos estamos involucrados en la vida de nuestra familia y comunidad.

**Derechos y responsabilidades de la persona** Toda persona tiene el derecho fundamental de la vida, dado por Dios: fe y familia, trabajo y educación, salud y vivienda. También tenemos una responsabilidad para con los demás y la sociedad. Trabajamos para asegurar que los derechos de todos sean protegidos.

**Opción por los pobres e indefensos** Tenemos una obligación especial de ayudar a los pobres y necesitados. Esto incluye a los que no pueden protegerse debido a su edad o salud.

**Dignidad del trabajo y los derechos de los trabajadores** Nuestro trabajo es un signo de nuestra participación en el trabajo de Dios. Todos tenemos derecho a un trabajo decente, justa paga, condiciones de trabajo seguras y participación en las decisiones sobre el trabajo.

**Solidaridad de la familia humana** Solidaridad es un sentimiento de unidad. Esto une a los miembros de un grupo. Cada uno de nosotros es miembro de la familia humana. La familia humana incluye a personas de todas las razas y culturas y religiones. Todos sufrimos cuando una parte de la familia humana sufre. Cuando sufrimos con los demás nos unimos a ellos.

**Preocupación por la creación de Dios** Dios nos creó a todos para ser mayordomos, administradores, de su creación. Debemos cuidar y respetar el medio ambiente. Debemos protegerlo para futuras generaciones. Cuando cuidamos de la creación, mostramos respeto a Dios, el creador.

# Catholic Social Teaching

Catholic social teaching calls us to work for justice and peace as Jesus did. Jesus' life and teaching are the foundation of Catholic social teaching.

**Life and Dignity of the Human Person** Human life is sacred because it is a gift from God. Because we are all God's children, we all share the same human dignity—our worth and value. Our dignity comes from being made in the image and likeness of God. This dignity makes us equal.

**Call to Family, Community, and Participation** The family is the basic community in society. In the family we grow and learn values. We learn what it means to be part of a group. Families contribute to society in many ways. As Catholics we are involved in our family life and community.

**Rights and Responsibilities of the Human Person** Every person has a fundamental God-given right to life: faith and family, work and education, health care and housing. We also have a responsibility to others and to society. We work to make sure the rights of all people are being protected.

**Option for the Poor and Vulnerable** As Catholics we have a special obligation to help those who are poor and in need. This includes those who cannot protect themselves because of their age or their health.

**Dignity of Work and the Rights of Workers** Our work is a sign of our participation in God's work of creation. People have the right to decent work, just wages, safe working conditions, and to participate in decisions about their work.

**Solidarity of the Human Family** Solidarity is a commitment to unity that binds members of a group together. Each of us is a member of the one human family. The human family includes people of all racial, cultural, and religious backgrounds. As Catholics we all suffer when one part of the human family suffers. When we act to ease the sufferings of others we are in union with them.

**Care for God's Creation** God created us to be stewards, or caretakers, of his creation. We must care for and respect the environment. We have to protect it for future generations. When we care for creation, we show respect for God the Creator.

## El *rosario*

El rosario es una devoción en la que recordamos eventos en las vidas de Jesús y María. Para rezar un rosario podemos usar unas cuentas organizadas en círculo. Las cuentas del rosario empiezan con una cruz seguida de una cuenta grande y tres pequeñas. La próxima es una grande (justamente antes de la medalla) que empieza la primera "decena". Cada decena consiste en una cuenta grande seguida de diez pequeñas.

Se empieza a rezar el rosario haciendo la señal de la cruz, se reza el credo de los apóstoles y luego se reza un Padrenuestro y tres Ave María y un Gloria.

Para rezar una decena se reza un Padrenuestro en la cuenta grande y un Ave María en cada una de las diez pequeñas. Se termina la decena rezando un Gloria. Se reza la salve para terminar el rosario.

Los misterios del rosario son eventos especiales en las vidas de Jesús y María. Mientras reza la decena, se medita en los misterios gozosos, dolorosos, gloriosos o luminosos.

## The *Rosary*

The rosary is a devotional prayer in which we remember events in the lives of Jesus and Mary. To pray a rosary we can use a set of beads arranged in a circle. The rosary beads begin with a cross followed by one large bead and three small ones. The next large bead (just before the medal) begins the first "decade." Each decade consists of one large bead followed by ten smaller beads.

Use the rosary beads to pray the rosary beginning with the Sign of the Cross, reciting the Apostles' Creed, and then praying one Our Father, three Hail Marys, and one Glory to the Father.

To pray each decade, say an Our Father on the large bead and a Hail Mary on each of the ten smaller beads. Close each decade by praying the Glory to the Father. Pray the Hail, Holy Queen as the last prayer of the rosary.

The mysteries of the rosary are special events in the lives of Jesus and Mary. As you pray each decade, think of the appropriate Joyful Mystery, Sorrowful Mystery, Glorious Mystery, or Mystery of Light.

### Misterios gozosos

(Es costumbre rezarlos los lunes y los sábados)

- La anunciación
- La visitación
- El nacimiento de Jesús
- La presentación de Jesús en el Templo
- El niño Jesús es encontrado en el Templo

### Misterios dolorosos

(Es costumbre rezarlos los martes y los viernes)

- La agonía de Jesús en el Jardín
- Jesús es azotado en una columna
- Jesús es coronado de espinas
- Jesús carga con la cruz
- La crucifixión y muerte de Jesús

### Misterios gloriosos

(Es costumbre rezarlos los miércoles y los domingos)

- La resurrección
- La ascensión
- La venida del Espíritu Santo
- La asunción de María al cielo
- La coronación de María

### Misterios luminosos

(Es costumbre rezarlos los jueves)

- El bautismo de Jesús en el Jordán
- El milagro de las bodas de Caná
- Jesús anuncia el reino de Dios
- La transfiguración de Jesús
- La institución de la Eucaristía

## The Five Joyful Mysteries

(by custom prayed on Monday and Saturday)

- The Annunciation
- The Visitation
- The Birth of Jesus
- The Presentation of Jesus in the Temple
- The Finding of Jesus in the Temple

## The Five Sorrowful Mysteries

(by custom prayed on Tuesday and Friday)

- The Agony in the Garden
- The Scourging at the Pillar
- The Crowning with Thorns
- The Carrying of the Cross
- The Crucifixion and Death of Jesus

## The Five Glorious Mysteries

(by custom prayed on Wednesday and Sunday)

- The Resurrection
- The Ascension
- The Descent of the Holy Spirit upon the Apostles
- The Assumption of Mary into Heaven
- The Coronation of Mary as Queen of Heaven

## The Five Mysteries of Light

(by custom prayed on Thursday)

- Jesus' Baptism in the Jordan
- The Miracle at the Wedding at Cana
- Jesus Announces the Kingdom of God
- The Transfiguration
- The Institution of the Eucharist

## El *vía crucis*

Desde el inicio de la Iglesia los cristianos recuerdan la vida y muerte de Jesús, visitando y rezando en los lugares donde Jesús vivió, sufrió, murió y resucitó.

La Iglesia se expandió por todo el mundo y no todo el mundo podía viajar a la Tierra Santa. Así que las iglesias locales empezaron a invitar a las personas a "seguir los pasos de Jesús", sin tener que viajar. Las "estaciones" son lugares para detenerse a rezar, siguiendo el "camino de la cruz". Nosotros hacemos lo mismo hoy en nuestras parroquias, especialmente durante la Cuaresma.

Las paradas o "estaciones" son catorce. Nos detenemos en cada una para pensar sobre lo que pasó en esa estación.

1. **Jesús es condenado a muerte.**
2. **Jesús carga con la cruz.**
3. **Jesús cae por primera vez.**
4. **Jesús encuentra a su madre.**
5. **Simón ayuda a Jesús a cargar la cruz.**
6. **La Verónica enjuga el rostro de Jesús.**
7. **Jesús cae por segunda vez.**
8. **Jesús encuentra a las mujeres de Jerusalén.**
9. **Jesús cae por tercera vez.**
10. **Jesús es despojado de sus vestiduras.**
11. **Jesús es clavado en la cruz.**
12. **Jesús muere en la cruz.**
13. **Jesús es bajado de la cruz.**
14. **Jesús es puesto en un sepulcro.**

Algunas parroquias añaden una 15 estación, la resurrección, para recordar la victoria de Jesús sobre la muerte.

En cada estación después de reflexionar rezamos: "Te adoramos Cristo y te bendecimos, porque por tu santa Cruz redimiste al mundo".

## Stations *of the Cross*

From the earliest days of the Church, Christians remembered Jesus' life and death by visiting and praying at the places in the Holy Land where Jesus lived, suffered, died, and rose from the dead.

As the Church spread to other countries, not everyone could travel to the Holy Land. So local churches began inviting people to "follow in the footsteps of Jesus" without leaving home. "Stations," or places to stop and pray, were made so that stay-at-home pilgrims could "walk the way of the cross" in their own parish churches. We do the same today, especially during Lent.

There are fourteen "stations," or stops. At each one, we pause and think about what is happening at the station.

1. **Jesus is condemned to die.**
2. **Jesus takes up his cross.**
3. **Jesus falls the first time.**
4. **Jesus meets his mother.**
5. **Simon helps Jesus carry his cross.**
6. **Veronica wipes the face of Jesus.**
7. **Jesus falls the second time.**
8. **Jesus meets the women of Jerusalem.**
9. **Jesus falls the third time.**
10. **Jesus is stripped of his garments.**
11. **Jesus is nailed to the cross.**
12. **Jesus dies on the cross.**
13. **Jesus is taken down from the cross.**
14. **Jesus is laid in the tomb.**

Some parishes have a 15th station, the Resurrection, that recalls Jesus' victory over death.

At each station, after silent reflection, pray: "We adore you, O Christ, and we bless you: because by your holy cross you have redeemed the world."

## Devoción *de los viernes primeros*

Un día en el año 1675, Santa Margarita María Alacoque estaba rezando y creyó que Jesús le estaba hablando sobre una devoción que él quería que el pueblo practicara. Esta era que todo el que comulgara el primer viernes del mes, durante nueve meses seguidos, obtendría una gracia especial al momento de su muerte.

Hoy los miembros de la Iglesia recuerdan esta promesa y practican los viernes primeros. La observamos comulgando durante nueve primeros viernes seguidos y confesando ocho días después del primer viernes. Practicamos esta devoción en nombre del Sagrado Corazón de Jesús.

**La palabra *novena* viene del latín y significa "nueve". Novenas son oraciones especiales que se hacen durante nueve días o nueve semanas seguidas. Después de la ascensión de Jesús, María y los apóstoles estuvieron reunidos durante nueve días, desde la ascensión hasta Pentecostés. Hoy las novenas se hacen con intención especial y con frecuencia son seguidas de una bendición.**

The word *novena* comes from a Latin word that means "nine." Novenas are special prayers or prayer services that can occur nine days, nine weeks or any schedule of nine times in a row. After Jesus' Ascension, Mary and the Apostles prayed together for nine days, from the Ascension to Pentecost. Today novenas are made for special intentions and are often followed by Benediction.

## First Friday *Devotions*

One day in the year 1675, Saint Margaret Mary Alacoque was praying. As she prayed she believed that Jesus was telling her about a devotion he wanted people to practice. The practice was that anyone who received Holy Communion on the first Friday of the month, nine months in a row, would be granted special grace at the time of his or her death.

Today, the Church remembers this promise in the practice of the nine First Fridays. We observe the First Fridays by receiving Holy Communion at Mass on nine First Fridays in a row and celebrating the Sacrament of Penance within eight days of each First Friday. We practice these devotions in honor of the Sacred Heart of Jesus.

## Lectio *divina*

*Lectio divina* es el nombre en latín para una forma de orar que los cristianos han practicado por siglos. *Lectio divina,* quiere decir "lectura divina", generalmente sigue los siguientes pasos:

- **Leer** un pasaje bíblico. Mientras se lee se reflexiona en las partes que llaman la atención.
- **Meditar** en la lectura. Meditar es tratar de entender la revelación de Dios. Imagina que eres parte de la historia o la escena. En silencio conversa con Dios sobre lo que has leído.
- **Rezar** a Dios, hablar sobre lo que tienes en el corazón y escuchar a Dios en silencio.
- **Contemplar** escoger una palabra, frase o imagen del pasaje bíblico, y pensar en ella con todo tu corazón para sentir el gran amor de Dios.
- **Decidir** como responder a lo leído.

### Más sobre Lectio divina

*Leer* Mateo 5:14, 16 donde Jesús dijo: "Ustedes son la luz del mundo" (Mateo 5:14). *Medita* en las palabras de Jesús. *Pide* a Dios ayuda para ser luz para otros. *Contemplar.* Piensa en las personas que son luz para ti. *Decide* algunas formas en que serás luz para otros.

# Praying with Scripture

## Lectio *divina*

*Lectio divina* (LEHK-see-oh dee-VEE-nah) is the Latin name for a way of praying that Christians have practiced for many centuries. *Lectio divina*, which means "divine reading," usually involves the following steps:

- **Read** a Scripture passage. As you read, reflect on the parts that stand out to you.
- **Meditate** on the reading. To meditate is to try to understand what God is revealing. Imagine that you are part of the story or scene. Silently talk to God about what you have read.
- **Pray** to God, speaking what is in your heart and listening to God.
- **Contemplate** by choosing a word, phrase, or image, from the Scripture passage, focusing on it with your whole heart and mind, and feeling God's great love.
- **Decide** on a way to respond and act on what you have read.

### More About Lectio divina

*Read* Matthew 5:14, 16 in which Jesus said, "You are the light of the world" (Matthew 5:14). *Meditate* on Jesus' words. *Pray* to God to help you be light for others. *Contemplate*. Think about the people who are light for you. *Decide* on a few ways you will be light for others.

## Devociones *en América Latina*

### Patronales

*Patronales* son fiestas anuales para conmemorar al santo patrón de una ciudad o pueblo. Música, procesiones, bailes, carnavales y regalos para el santo patrón son parte de las celebraciones. Algunas veces los festejos duran más de un día. Algunas fiestas patronales han sido declaradas "Patrimonio de la humanidad", como por ejemplo la fiesta de San Sebastián, en Diriamba, Nicaragua.

Procesión de la Virgen de la Caridad del Cobre, Habana, Cuba

### Procesiones

Procesiones son caminatas de oración, mayormente se llevan a cabo durante el día de fiesta de un santo.

### Peregrinaciones

Los fieles visitan santuarios para pedir favores, o para dar gracias por un favor concedido, o para venerar al santo. La mayoría de las peregrinaciones se hacen durante un día específico, especialmente durante la fiesta del santo patrón.

### Los Tres Reyes Magos

Esta celebración tiene lugar durante la Epifanía, 6 de enero. En muchos países latinoamericanos los niños reciben regalos la noche del 5 de enero. Algunas veces los niños dejan refrescos, agua o galletas para los reyes y sus camellos. En algunos lugares se lleva a cabo la cabalgata de los reyes. Esta es una procesión donde los reyes desfilan montados en camellos o caballos y toda la comunidad participa en la celebración.

## Devotions *in Latin America*

### Patronales

*Patronales* are annual feasts to commemorate the patron saints of a town or city. Music, processions, dancing, carnivals, and gifts from the people to the patron saints are parts of these celebrations. Sometimes the festivities may last more than a day. Some *Patronales* have been declared "Patrimony of the Humanity," for example the feast of Saint Sebastian in Diriamba, Nicaragua.

### Processions

Processions are prayer walks, mostly done during the feast day of the saint.

### Pilgrimages

Faithful people usually visit shrines or sanctuaries of the venerated saint to ask favors, or to give thanks for a favor granted. Most pilgrimages are done during a specific day, especially during the feast of the patron saint.

### The Three Kings

This celebration takes place during the Epiphany, January 6. In many Latin-American countries the children receive presents the night of January 5. Sometimes the children leave candies, water, or refreshment for the kings and their camels. In some places the *cabalgata de los reyes* (the ride of the kings) takes place. It is a procession where the kings ride on camels or horses and the whole community participates in the celebration.

Our Lord of Miracles Procession, Lima, Peru

# El año litúrgico

## Bendición de la corona de *Adviento*

Señor Dios,
que tu bendición descienda sobre nosotros,
al encender las velas de esta corona.
Que esta corona y su luz sean signos de la
promesa de Cristo de traernos salvación.
Que venga pronto, que no tarde.
Te lo pedimos por Cristo, nuestro Señor.
Amén.

### Oraciones para las semanas de Adviento

**Siempre empiece con:** Jesús, eres la luz del mundo.

**Semana 1:** Haznos veraces y generosos para que estemos listos a recibirte cuando vengas.

**Semana 2:** Ayúdanos a preparar el camino para recibirte siendo amables, misericordiosos y justos.

**Semana 3:** Ayúdanos a diseminar tu luz y gozo dando libremente y con alegría a todos.

**Semana 4:** Que la luz de tu amor brille sobre nosotros para que podamos verte hoy en todos los niños desamparados.

**Termine siempre con:**
¡Ven, Señor Jesús!

### Más sobre Adviento

**Una de las costumbres católicas para prepararnos para la Navidad es encender una corona de Adviento. Tradicionalmente, es hecha de hojas de pino con cuatro velas—tres moradas y una rosada—representando las cuatro semanas de Adviento. Hay una bendición especial para la corona y oraciones para cuando se encienden las velas.**

# the Liturgical year

## *Advent* Wreath Blessing

ADVENT

Lord God,
let your blessing come upon us
as we light the candles of this wreath.
May the wreath and its light
be a sign of Christ's promise to bring us salvation.
May he come quickly and not delay.
We ask this through Christ our Lord.
Amen.

### Advent Prayers for Each Week

**Always begin:** Jesus, you are the light of the world.

**Week 1:** Make us thoughtful and generous so that we can be ready to greet you when you come.

**Week 2:** Help us to prepare the way for you by being kind, forgiving, and fair.

**Week 3:** Help us to spread your light and joy by giving freely and happily to all we meet.

**Week 4:** Let the light of your love shine on us so we can see you today in all the helpless children, in all who have no home.

**Always end:**
Come, Lord Jesus!

### More About Advent

**One of the Catholic customs of preparing for Christmas is the lighting of the Advent wreath. Traditionally, it is an evergreen wreath with four candles (three purple and one pink) representing the four weeks of Advent. There is a blessing of the wreath and special prayers as the candle, or candles, are lighted for each week.**

## Bendición *del árbol de Navidad*

NAVIDAD

Dios de toda creación,
te damos gracia por este árbol
el cual nos trae recuerdos de
la promesa de vida.

Que tu bendición llegue a nosotros,
reunidos alrededor de este árbol.
A todos los que celebran la fiesta de las luces de Navidad. Esperamos la venida de Cristo, los días de justicia y paz eternas. Eres nuestro Dios, vivo y que reina por siempre. Amén.

Vengan todas las naciones a adorar al Señor.
Hoy la tierra ha visto una gran luz.

## Oración *a la sagrada familia*

Jesús,
hiciste de tu familia un modelo de oración, amor y obediencia a la voluntad de tu Padre, por tu gracia, haz santa a mi familia y enriquécela con tus dones. Amén.

## Christmas Tree Blessing

CHRISTMAS

God of all creation,
we praise you for this tree
which brings beauty and
memories and the promise of
life to our home.

May your blessing be upon all who gather
around this tree,
all who keep the Christmas festival by its lights.
We wait for the coming of the Christ,
the days of everlasting justice and of peace.
You are our God, living and reigning,
for ever and ever. Amen.

Come, you nations, and adore the Lord.
Today a great light has come upon the earth.

## Prayer to the Holy Family

Jesus,
you made your own family the model
of prayer, of love, and of obedience to
your Father's will;
by your grace make
[my] family holy and make it rich
with your gifts. Amen.

## Oraciones *para el Tiempo Ordinario*

Padre de amor,
escucha nuestras oraciones.
Ayúdanos a ver tu voluntad
y hacerla con valor y fe.
Amén.

"Muéstrame, Señor, tus caminos,
muéstrame tus sendas".

Salmo 25:4

"Todos los días te bendeciré,
alabaré tu nombre sin cesar".

Salmo 145:2

### No sabía que

¿Has contado alguna vez los días que faltan para celebrar tu cumpleaños? Si has contado los días así, le has dado significado al tiempo. Al contar has "ordenado" el tiempo. Así también la Iglesia observa el Tiempo Ordinario, contando. Cuando la Iglesia observa el Tiempo Ordinario está "contando". El término ordinario no significa común, significa contar.

## Prayers *for Ordinary Time*

Father of love,
hear our prayers.
Help us to know your will
and to do it with courage and faith.
Amen.

"Make known to me your ways, LORD;
teach me your paths."

Psalm 25:4

"Every day I will bless you;
I will praise your name forever."

Psalm 145:2

Have you ever counted the numbers of days before a holiday or before your birthday? If you ever counted days in this manner, you have given meaning to time itself. By counting time, you have "ordered" it. So too, when the Church observes Ordinary Time, it is "counted time" or "ordered time." Hence the term *ordinary* does not mean average, it means counted.

## Oraciones *para la Cuaresma*

Dios misericordioso,
nos llamaste del polvo de la tierra;
nos reclamaste por Cristo en las aguas del
bautismo. Míranos al entrar en estos cuarenta
días marcados con la ceniza, y bendice nuestro
peregrinaje en el desierto de la Cuaresma
y la fuente del renacer.
Que nuestro ayuno tenga hambre de justicia;
nuestra limosna, lleve paz,
nuestra oración, canto de humildad y grandeza
de corazón. Todo esto lo pedimos en nombre de Jesús,
en su cruz proclamaste tu amor por los siglos de
los siglos. Amén.

"Porque haré brotar agua en el desierto y ríos
en la llanura, para dar de beber a mi pueblo,
a mi elegido".

Isaías 43:20

"Pero ahora, oráculo del Señor, conviértanse a
mí de todo corazón, con ayunos, lagrimas
y llantos".

Joel 2:12

## ¿De dónde vienen?

**Las cenizas que los católicos reciben en la frente el Miércoles de Cenizas son de las ramas de palma del Domingo de Ramos del año anterior. Estas son quemadas. El sacerdote las bendice con agua bendita antes de hacer la señal de la cruz en la frente de las personas.**

## Prayers *for Lent*

LENT

Merciful God,
you called us forth from the dust of the earth;
you claimed us for Christ in the waters of baptism.
Look upon us as we enter these Forty Days
bearing the mark of ashes,
and bless our journey through the desert of Lent
to the font of rebirth.
May our fasting be hunger for justice;
our alms, a making of peace;
our prayer, the chant of humble and grateful hearts.
All that we do and pray is in the name of Jesus,
for in his cross you proclaim your love
for ever and ever. Amen.

"For I put water in the desert
and rivers in the wasteland
for my chosen people to drink."

Isaiah 43:20

"Yet even now, says the LORD,
return to me with your whole heart."

Joel 2:12

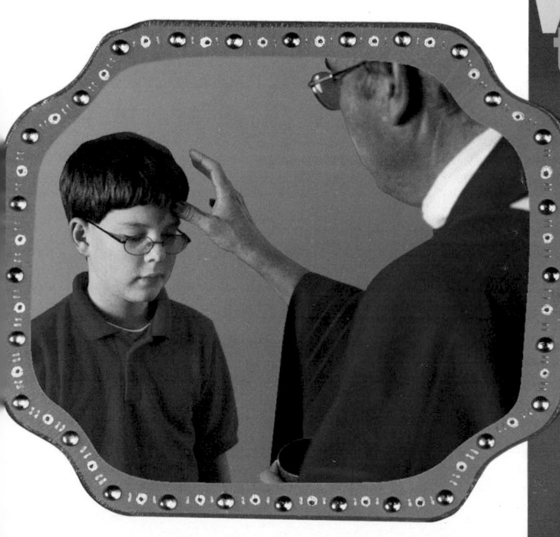

## Where do they Come From?

**The ashes that Catholics receive on their foreheads on Ash Wednesday come from the palm branches from the previous year's Passion Sunday (Palm Sunday) celebration. The palm branches are burned into ashes. The priest then blesses the ashes by sprinkling holy water over them before making the Sign of the Cross with the ashes on each person's forehead.**

*La Utima Cena*, Jessie Coate, 1992

## Oraciones *para el Jueves Santo*

Debemos regocijarnos en la cruz de
nuestro Señor Jesucristo,
porque él es nuestra salvación,
nuestra vida y nuestra resurrección;
por él somos salvos y libres.

Dios todopoderoso,
recibimos nueva vida
por la cena que tu Hijo nos dio.
Te pedimos alcanzar un total
regocijo en la comida que esperamos
compartir contigo en el reino eterno.

Te lo pedimos en nombre de Cristo,
nuestro Señor. Amén.

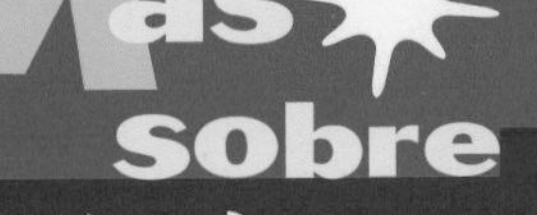


### Triduum

**El Triduum o Triduo consiste en tres días en los que la Iglesia celebra la muerte y resurrección de Jesús. El Triduum empieza el jueves en la tarde, incluye todo el Viernes Santo, la Vigilia Pascual y termina en la tarde del Domingo de Resurrección.**

## Prayers *for Holy Thursday*

We should glory in the cross of our Lord
Jesus Christ,
for he is our salvation, our life, and our
resurrection;
through him we are saved and made free.

Almighty God,
we receive new life
from the supper your Son gave us
in this world.
May we find full contentment
in the meal we hope to share
in your eternal kingdom.

We ask this through Christ our Lord.
Amen.

### Triduum

**The Triduum consists of the three days in which the Church celebrates Jesus' death and Resurrection. The Triduum begins on Holy Thursday evening, includes Good Friday, the Easter Vigil and ends on Easter Sunday evening.**

## Oraciones *para el Viernes Santo*

¡Qué espléndida la cruz de Cristo!
da vida, no muerte;
da luz, no oscuridad;
el paraíso no está perdido.
Es el madero en el que el Señor,
cual gran soldado,
fue herido en las manos, los pies y el costado,
pero sanó nuestras heridas.
Un madero nos destruyó,
un madero nos dio la vida.

Señor,
tu Hijo, Jesucristo, al derramar su sangre
por nosotros estableció el misterio pascual.
En tu bondad, santifícanos, haznos santos
y protégenos. Te los pedimos en nombre
de Cristo nuestro Señor.
Amén.

"Jesús sabía que le había llegado la hora de dejar este mundo para ir al Padre. Y él, que había amado a los suyos, que estaban en el mundo, llevó su amor hasta el final".
(Juan 13:1)

"Pues del árbol de la Cruz
ha venido la alegría al mundo entero".
(Veneración de la cruz el Viernes Santo)

# Prayers *for Good Friday*

How splendid the cross of Christ!
It brings life, not death;
light, not darkness;
Paradise, not its loss.
It is the wood on which the Lord,
like a great warrior,
was wounded in hands and feet and side,
but healed thereby our wounds.
A tree had destroyed us,
a tree now brought us life.

Lord,
by shedding his blood for us,
your Son, Jesus Christ,
established the paschal mystery.
In your goodness, make us holy
and watch over us always.
We ask this through Christ our Lord.
Amen.

"Jesus knew that his hour had come to pass from this world to the Father. He loved his own in the world and he loved them to the end." (John 13:1)

"Through the cross you brought joy to the world."

(Good Friday, Veneration of the Cross)

## Oraciones *para el Sábado Santo*

Dios todopoderoso y eterno,
tu único hijo murió,
resucitó y ascendió en gloria.
En tu bondad resucita a tu pueblo fiel
enterrado con él en el bautismo,
para ser uno con él en la vida eterna.

## *Pregón Pascual* (Exsultet)

Alégrense, por fin, los coros de los ángeles,
alégrense las jerarquías del cielo,
y por la victoria de rey tan poderoso,
que las trompetas anuncien la salvación.

Goce también la tierra, inundada de tanta claridad
y que, radiante con el fulgor del rey eterno,
se sienta libre de la tiniebla que cubría
el orbe entero.

Alégrese también nuestra madre la Iglesia,
revestida de luz tan brillante;
resuene este templo con las
aclamaciones del pueblo.

¡Qué noche tan dichosa!
Sólo ella conoció el momento
en que Cristo resucitó del abismo.
(Cita del Misal Romano)

## Prayer *for Holy Saturday*

All-powerful and ever-living God,
your only Son went down among the dead
and rose again in glory.
In your goodness raise up your faithful people
buried with him in baptism,
to be one with him
in the eternal life of heaven.

## *Easter Vigil Proclamation* (Exsultet)

Rejoice, heavenly powers! Sing choirs of angels!
Exult, all creation around God's throne!
Jesus Christ, our King, is risen!
Sound the trumpet of salvation!

Rejoice, O earth, in shining splendor,
radiant in the brightness of your King!
Christ has conquered! Glory fills you!
Darkness vanishes for ever!

Rejoice, O Mother Church! Exult in glory!
The risen Savior shines upon you!
Let this place resound with joy,
echoing the mighty song of all God's people!

This is the night when Jesus Christ
broke the chains of death
and rose triumphant from the grave.

(excerpt from Roman Missal)

# Oraciones *para el Domingo de Pascua*

Dios, Padre nuestro,
creador de todas las cosas,
hoy es día de gozo. Esta es la mañana en la
que el Señor se apareció al hombre que
perdía la esperanza y abrió sus ojos a la
Escritura: que primero tenía que morir,
resucitar y subir a la gloriosa presencia del Padre.

Que el Señor resucitado sople sobre nuestras mentes
y abra nuestros ojos para que lo reconozcamos al
partir el pan y lo sigamos a la vida eterna.

Te lo pedimos por Cristo, nuestro Señor. Amén.

Por la resurrección de su Hijo, Dios nos ha sanado.
Que cumpla sus promesas, y nos bendiga con la
vida eterna.

Te has lamentado por el sufrimiento de Cristo,
ahora celebra el gozo de su resurrección.
Ven con gozo a la fiesta que dura eternamente.
Amén.

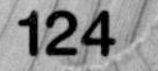

# Prayers *for Easter Sunday*

EASTER

God our Father, creator of all,
today is the day of Easter joy.
This is the morning on which the Lord appeared
to men who had begun to lose hope
and opened their eyes to what the scriptures foretold:
that first he must die, and then he would rise
and ascend into his Father's glorious presence.

May the risen Lord
breathe on our minds and open our eyes
that we may know him in the breaking of bread,
and follow him in his risen life.

Grant this through Christ our Lord. Amen.

Through the resurrection of his Son
God has granted us healing.
May he fulfill his promises,
and bless you with eternal life.

You have mourned for Christ's sufferings;
now you celebrate the joy of his resurrection.
May you come with joy to the feast which lasts
for ever. Amen.

# Semana Santa en Latinoamérica

Procesión de Viernes Santo en Taxco, México

## Procesiones *en Semana Santa*

Procesiones del Viernes Santo empiezan alrededor de las tres de la tarde del Viernes Santo. Durante esta procesión, que algunas veces dura tres o más horas, la pasión del Señor es representada y miles de personas participan. Esta procesión tiene lugar en la tarde del Viernes Santo para conmemorar la muerte de Nuestro Señor.

La Dolorosa es otra procesión durante el Viernes Santo. La gente acompaña a María, la Madre de Dios, en su dolor durante el camino de su hijo hacia el Calvario.

## El sermón *de las siete palabras*

Esta tradición es un sermón de aproximadamente tres horas basado en las últimas palabras de Jesús en la cruz. No es sólo presentado en la iglesia sino que puede ser retransmitido por la radio y la televisión.

Celebración del Domingo de Resurrección en Oaxaca, México

# Holy Week in Latin America

A Good Friday procession in Quito, Ecuador

## Holy Week *Processions*

Good Friday processions start around three o'clock in the afternoon of Good Friday. During this procession, that sometimes lasts three hours, the passion of the Lord is often reenacted and thousands of people participate.

Dolorosar, Mother of Sorrows, is another Good Friday procession. The people who take part in this procession walk with Mary in the journey to Calvary.

A Good Friday procession in Sacatepequéz, Guatemala

## The Sermon *of the Seven Words*

This tradition is a three hour sermon based on the last words of Jesus on the cross. It is not only presented in the church, but it is often broadcast on the radio or on television.

ASCENSIÓN
ASCENSION

## Ascensión Pentecostés

Cuarenta dias después de su resurrección, Jesucristo subió al cielo con su Padre, Dios, todopoderoso. El envió al Espíritu Santo a los apóstoles para fortalecerlos para proclamar la buena nueva.

Pido a Jesús envíe su Santo Espíritu sobre mí para que me fortalezca para ser un fiel discípulo. Amén.

## Ascension Pentecost

Forty days after his Resurrection, Jesus Christ went to heaven to his Father, God the Almighty. He sent the Holy Spirit to his Apostles to strenghten them to proclaim the good news.

I pray to Jesus to send the Holy Spirit upon me to strenghten me to be his faithful disciple. Amen.